.

Franz Balzer

Lieschen Müllers Lügengebäude

Beweise zum 30jährigen Lügengebahren der Nobelpreisträgerin Herta Müller

2. ergänzte Auflage

Seite 12-42 = 30 Seiten
von 98 Seiten sind
etwa 30% der Ausgabe!

Neue Literatur

Zeitschrift des Schriftstellerverbandes der
Sozialistischen Republik Rumänien

36. Jahrgang   Heft 8   August 1985

Zum Tag der Befreiung

Franz Johannes Bulhard	An mein Kind	3
Christian Maurer	August	.
Richard Wagner	Was wollen die Leute (Gedichte aus dem Zyklus „Der Ort des Baumes")	12
Herta Müller	Matthias	21
	Publikationsverbot?!..	42

Hier werden verschiedene Briefe/E-Mails/Schreiben an diverse **Kulturredaktionen, die Falschmeldungen** über Herta Müller oder Lieschen Müller abgedruckt haben, wiedergegeben, daher kommen gelegentlich Textteile mit gleichem Inhalt mehrmals vor.

Bibliografische Information der Deutschen Nationalbibliothek:
Die Deutsche Nationalbibliothek verzeichnet diese Publikation
in der Deutschen Nationalbibliografie; detaillierte bibliografische
Daten sind im Internet über: http://dnb.dnb.de abrufbar.l

2.Auflage

Herstellung und Verlag:
BoD – Books on Demand, Norderstedt
ISBN 978-3-752-62014-6

Inhaltsverzeichnis

Lieschen Müllers-Lügengebäude/Vorwort

Thema: Herta Müller führt die freie deutsche Presse in den 1980er Jahren an der Nase herum, weil zum Zeitpunkt der Veröffentlichung ihrer „alternativen" Geschichten keiner die Angaben überprüfen konnte. Während ihres „Publikationsverbotes" hat sie fleißig veröffentlicht. Außerdem war sie eine dreifache „Trittbrettfahrerin":

betr: <u>Fehler in der Biographie von Herta Müller / ein Update ist nötig</u>

Sehr geehrte Redaktion,
Sehr geehrte Kulturredaktion,

Herta Müller wird zur Schirmherrin des Exilmuseums in Berlin und kann sich so mit den Schriftstellern, die während der Nazi-Diktatur das Land verlassen mussten, gleichsetzen. Aber: Herta Müller war <u>nie verfolgt</u>, <u>nie eingesperrt</u>, hatte <u>nie Publikationsverbot</u>, ganz im Gegenteil, <u>sie war eine Privilegierte</u> des Ceaușescu-Regimes mit mehreren Westreisen und zahlreichen Publikationen.
Herta Müller als Schirmherrin eines Exilmuseums?
Nein! Danke!
(Und das sollten sich auch einige Professoren-Doktoren hinter die „Ohren schreiben" und einsehen, dass sie von Herta Müller von Anfang an belogen wurden. Alles, was ich in den letzten 9-10 Jahren über Herta Müller in der „neuen, freien, deutschen Presse" gelesen habe, war zum Teil falsch und erlogen! Einige Beispiele hier:
http://www.balzerfranz.de/HM-Presse-Medien-Falschmeldungen.pdf)

Hiermit werden (fast) alle ihre Lügen, die sie mit Hilfe der freien deutschen Medien seit mehreren Jahrzehnten verbreitet, aufgearbeitet und mit Beweisen widerlegt. Darunter:

»Auf ihr Erstlingswerk (1982) hat Herta Müller vier Jahre lang warten müssen, es war stark zensiert, während die Ausgabe vom Rotbuch-Verlag (1984) vollständig war und danach hatte sie Publikationsverbot.

Zu ihrem Publikationsverbot. In der „Neuen Literatur" gibt es eine ganze Liste von Veröffentlichungen. Zusammen mit ihrem damaligen Mann, Richard Wagner, dem RKP-Mitglied, haben sie in der „Neuen Literatur" von 1980 bis 1989 fleißig veröffentlicht, auch auf Seite 3, wo gewöhnlich ein Beitrag des Obergenossen stand. Im August 1985 belegten beide 30% dieser 96-Seiten starken Ausgabe.«

Die Klagen und Vorwürfe, die sie den rumänischen, kommunistischen Machthabern vorwarf, waren natürlich nicht aus der Luft gegriffen. Alle hatten ihren Grund, ein Umstand, der von vielen Rumäniendeutschen (und die soll es wirklich geben, auch wenn manche Professoren-Doktoren und Pressevertreter keine Ahnung davon haben) erlebt wurde: Verschleppung, Enteignung, Deportation, Bespitzelung, Einschränkung von jeglichen Freiheiten, Auslandsreiseverbot, usw.

In diesem Kontext halte ich Herta Müller für eine Trittbrettfahrerin, die auf diesen Einschränkungen basierend, ihre Drangsalierungen (das Securitate-Folter-Martyrium) durch die Securitate für SICH erfunden hat, denn sie war eher eine Privilegierte des Systems mit 4 Westreisen pro Jahr, während die Erniedrigten in „Niederungen" 10-20 Jahre auf eine Antwort auf eine Anfrage einer Ausreisegenehmigung warten mussten.

Unter den rumänischen Kommunisten und der Führung gab es vielleicht eine kleine Diskrepanz, was die Ausreiseanträge der

Rumäniendeutschen (Banater Schwaben, zu welchen Herta Müller gehört und Siebenbürger Sachsen) angeht. In der rumänischen Öffentlichkeit und unter den landläufigen Parteimitgliedern (es gab nur eine Partei, die kommunistische) wurde mit Vehemenz die Meinung vertreten, dass die Deutschen Rumäniens das Land nicht verlassen dürfen (siehe auch DDR). Derselben Meinung waren auch die Mitglieder der „Banater Aktionsgruppe" (Richard Wagner, Nikolaus Berwanger) und Herta Müller, sowie Emmerich Reichrath, der Rezensist beim „Neuen Weg", wo auch Herta Müller veröffentlichen durfte (im März 1985, als sie angeblich Publikationsverbot hatte, erschien ein Bericht über Herta Müllers Prosawerk „Niederungen": „Ein Buch und fünf Preise").

Zur gleichen Zeit (1969-1989) bestand aber zwischen Ceauşescu und der deutschen Regierung ein geheimes Abkommen (das auch jahrelang wirklich geheim gehalten wurde), dass für etwa 230.000 Rumäniendeutschen per Freikauf die Freiheit beschert hatte (nachzulesen in „Wege in die Freiheit" von H.G. Hüsch).

Herta Müller hat nicht nur in der „Neuen Literatur" veröffentlicht.

Was ist zu lesen in: Julia Müller, Sprachtakt. „Herta Müllers literarischer Darstellungsstil". Seiten 15/16, Böhlau Verlag?

„…Nicht nur hatte Herta Müller 1982 mit Niederungen und 1984 mit Drückender Tango schon zwei vielbeachtete Bücher in Rumänien vorgelegt, sie hatte seit 1978 insgesamt 73 Prosatexte an etwa 125 Stellen publiziert…".

Und ich soll jetzt an Publikationsverbot oder Schikanen der Diktatur glauben?

Wie und wo entstanden die „Niederungen"?

„Niederungen" hat Herta Müller während der Zeit als Übersetzerin in der Fabrik geschrieben, so die Autorin im Interview vom 05.07.1996 mit Wolfgang Müller: „Poesie ist ja nichts Angenehmes", Seite 5.

Wenn sie die „Niederungen" (während der Arbeitszeit) auf den Stufen der Fabrik (Technometal Temeswar) geschrieben hat, dann wurde sie deswegen entlassen und nicht, weil sie sich der Mitarbeit mit der Securitate verweigert hat. (Was sie verschweigt: Sie wollte nach ihrem Studienabschluss 1976 bei der NBZ – Neuen Banater Zeitung, wo Nikolaus Berwanger Chefredakteur war - einsteigen. Und als Redakteurin hätte sie wissen müssen, dass sie der Securitate Rede und Antwort stehen muss!)

Aus dem Schuldienst wurde sie entfernt, weil sie in der Klasse vor der Klasse geraucht hat, was auch NICHTS mit der Securitate zu tun hat. Von ihrem ersten Mann hat sie sich getrennt – das wird hier auch verschwiegen, der gehörte ja auch nicht zur „Banater Aktionsgruppe" – weil sie gemeinsam die Pässe für gänzliche Umsiedlung nach Deutschland erhalten hatten, sie ist lieber bei ihren Verfolgern, Peinigern und Folterern geblieben!... (Hallo Vertreter freier Medien und Professoren-Doktoren? Kapiert seit dem Fall der Mauer hier keiner mehr was?)

Zitat Herta Müller in Karlsruhe:
Das hätte ich der Securitate nicht antun können
„... ich hatte mehrere Zeiten bekommen, immer wenn ich nicht auftauchte, war natürlich – stand es in der Presse und dann haben sie sich das wahrscheinlich so überlegt, dass ich – sie lassen mich reisen, und dann durfte ich 1984 zum ersten Mal auf die Buchmesse nach Frankfurt und – ja – wenn ich innerhalb drei Wochen zurückfahre. Erstens: wollte ich nicht so hier bleiben, im Westen - dann hätte ich mir alles vorher riskieren müssen, also dem Geheimdienst – a - a - dem Geheimdienst – a - eine Absage erteilen, herumgezerrt werden und dann zu sagen, ich bin zu Besuch, ich bleibe, das wollte ich nicht." (So

spricht man nicht über Verfolger und Peiniger, sondern über „Kumpels"!)

Das Publikationsverbot? Die erneute „Trittbrettfahrerin"!
BanaterPost - 15.Dez-1983: Druck auf deutsche Lehrer in Rumänien
Frankfurt, 29. November (AP). Eine Petition von 52 deutschen Lehrern aus Hermannstadt in Siebenbürgen hat die Internationale Gesellschaft für Menschenrechte in Frankfurt erreicht, wie diese Organisation am Dienstag mitteilte. Alle namentlich aufgeführten Lehrer seien zwischen November 1981 und September 1983 aus dem rumänischen Schuldienst entlassen worden, weil sie Anträge auf Ausreise in die Bundesrepublik Deutschland gestellt hätten. Die 52 Lehrer, die sich ausdrücklich an das Auswärtige Amt in Bonn, den Bundestag und an die Gesellschaft in Frankfurt mit der Bitte um Hilfe wendeten, berichteten von extremem psychischem Druck auf Ausreisebewerber. Sie würden wegen ihrer Antragstellung pauschal zu "Verrätern" gestempelt. Der materielle Druck auf die ausreisewilligen Lehrer sei ebenfalls bedrückend. Die arbeitslosen Lehrer seien auf die Hilfe ihrer Verwandtschaft angewiesen, zumal oft der jeweilige Ehepartner auch entlassen oder wenigstens in der Gehaltsstufe herabgesetzt werde.

Banater Post - 01.Feb-1984: Der Bayerische Rundfunk strahlt am Freitag, dem 10. Februar 1984, von 21.00-21.30 Uhr, folgende Sendung aus: "Sind diese Deutschen wirklich Deutsche?" – Verdrängte Probleme der Spätaussiedler von Hans-Ulrich Engel. (Deswegen haben fast alle ehemaligen deutschen Orte aus dem Banat in minutiöser Kleinarbeit Familiensippenbücher angelegt, wo die Vorfahren seit der Ansiedlung aufgeführt sind.)

BanaterPost - 15.Aug-1984: Notlage deutscher Lehrer in Rumänien
Aus Rumänien in die Bundesrepublik Deutschland gereiste Familien haben der Internationalen Gesellschaft für Menschenrechte (IGfM) von der Notlage deutscher Lehrer berichtet, die einen Ausreiseantrag gestellt haben. Ausreisewillige Lehrer in Rumänien müssen mit Entlassungen aus dem Schuldienst ohne materielle Hilfe, Räumung der Dienstwohnungen und "bedrückenden existenziellen Nöten" rechnen. Gute Aussichten auf eine Ausreisegenehmigung habe nur derjenige, dessen Angehörige in der Bundesrepublik in der Lage seien, zusätzliche Summen zu zahlen (Schmiergeldzahlungen).

Das war der zweite Anlass Herta Müllers als Trittbrettfahrerin aufzutreten, um sich mit falschen Federn zu schmücken: die Lehrer hatten Berufsverbot und wurden als Verbrecher behandelt – aber nachdem sie Ausreiseanträge gestellt hatten – und sie, die preisgekrönte Schriftstellerin, hatte Publikationsverbot. Wieso? Sie hatte (vor Oktober 1985) keinen Ausreiseantrag gestellt? (Wegen ihrer Literatur? Welche Literatur? Wegen der Prosatexte auf Seite 3 – der Ceauşescu-Seite - der „Neuen Literatur"?)

Was war geschehen? Nikolaus Berwanger, ein RKP-Mitglied (RKP = Rumänische Kommunistische Partei) Chefredakteur bei der NBZ, ein Verfechter für das Bleiben der Banater Schwaben in Rumänien, blieb 1984 nach einer Deutschlandreise hier. Das veranlasste dann alle (kommunistisch geprägten Mitglieder der „Banater Aktionsgruppe" – die guten Kommunisten, oder die noch gebildeteren Marxisten, die sich in die Reihe der 68er mit ihren verbohrten Ideen einreihen wollten) ab Herbst 1985 auch Ausreiseanträge zu stellen. VON EINEM EXIL WAR NIE DIE REDE! FREIKAUF!? JA!...
(Siehe auch „Wege in die Freiheit" von. H.G. Hüsch.)

<u>Banater Post - Dezember-1984</u>: Was halten Banater Schwaben von „Niederungen"?
Anmerkungen zu Herta Müllers "Niederungen"
Eine Apotheose des Hässlichen und Abstoßenden (sonst im Moment keine Worte).

Das keiner in Rumänien von Herta Müller und Richard Wagner Texte veröffentlichte, nachdem sie Oktober 1985 Ausreiseanträge gestellt hatten, war Normalität. Keiner wollte sich wegen Herta Müller mit der Securitate anlegen. Beide reisten nach etwa 18 Monaten Wartezeit – eine Zeit, die alle hatten – im März 1987 nach Deutschland aus. Ein <u>Publikationsverbot</u>, wie es die Lehrer (als Berufsverbot) hatten, <u>gab es für Herta Müller nicht</u>! Warum hat sie dann im November 1989, nachdem sie länger als zwei Jahre in Deutschland lebte und einen Monat vor dem Sturz Ceauşescus, noch in der „Neuen Literatur" ein Loblied auf die Ceauşescus veröffentlicht? Weil sie verfolgt war? Oh, oh, es regne Weisheit!...

IN DIESEM KONTEXT IST HERTA MÜLLER ALS SCHIRMHERRIN FÜR EIN EXILMUSEUM FALSCH AM PLATZE, DENN SIE HAT EHER MIT DEN „VERFOLGERN UND PEINGERN" KOLLABORIERT UND WAR PRIVILGIERTE DES KOMMUNISTISCHEN SYSTEMS!!!

SIE MUSSTE NICHT INS EXIL UND ERST RECHT NICHT WEGEN IHRER LITERATUR!!!

DAHER BEDARF ES EINER KORREKTUR/ UPDATE IHRES LEBENSLAUFES!!!

Das Nobelpreiswerk „Atemschaukel" hat sie zusammen mit Oskar Pastior begonnen. Sie gibt auf Seite 299 auch zu, dass er diktiert und sie ganze Hefte voll geschrieben hat. Wer ihre Literatur (nur über die „Atemschaukel") – und da sind auch Professoren-Doktoren der Literatur und jene, die sich mit Literaturforschung beschäftigen, gemeint – beurteilt und bewertet, bewertet eigentlich (hauptsächlich) nur die poetischen und literarischen Fähigkeiten von Oskar Pastior!!! (Also noch eine Trittbrettfahrt!!!) (Jeder auch nur einigermaßen Literaturkundige müsste das auch merken.)

Vielen Dank.
Mit freundlichen Grüßen.
Franz Balzer

PS.: **Sie erhalten noch 3 Beiträge** (mit Beweisen) zu Herta Müllers Lügengeschichten:
- der erste bezieht sich auf ihre **Veröffentlichungen vor 1982** in der „Neuen Literatur" (deutschsprachige Zeitschrift des Schriftstellerverbandes aus dem kommunistischen Rumänien);
- der zweite für die **Veröffentlichungen** zwischen **1982 und 1984**;
- und der dritte für die **Zeit nach 1984**, eine Zeit, in welcher sie laut ihrer eigenen Aussagen „**Publikationsverbot**" hatte.

Lieschen Müllers Lügengebäude / HM-NL-79-82 / Teil 1

Thema: Herta Müller führt die freie deutsche Presse in den 1980er Jahren an der Nase herum, weil zum Zeitpunkt der Veröffentlichung ihrer „alternativen" Geschichten keiner die Angaben überprüfen konnte. Während ihres „Publikationsverbotes" hat sie fleißig veröffentlicht.

Sehr geehrte Redaktion,
Sehr geehrte Kulturredaktion,

zuerst ein kurzer Abriss durch die Geschichte der Banater Schwaben. Die Ansiedlung (der Donauschwaben) fand im 18. Jahrhundert in drei Etappen während der Österreichischen Monarchie statt. Angesiedelt wurden anfangs meist (römisch-katholische) Umsiedler aus Süddeutschland und Elsass-Lothringen. Aus einer Sumpflandschaft entstanden blühende Dörfer (dort, wo die Donau nach Süden fließt) , in welchen sich seit etwa 1850 eine „banatschwäbische" Sprache, Identität und Kultur entwickelte. Nach dem Ersten Weltkrieg wurde die Dorfidylle zerstört. Das Banat wurde in drei Teile geteilt und drei Ländern zugeteilt: Ungarn (verlor 2/3 seiner Fläche), Jugoslawien und Rumänien (erhielt das Banat und Transsylvanien/Siebenbürgen). Die erste Welle der rumänischen Kolonisten brachte den Banater Schwaben (im rumänischen Teil) keine besondere Freude, eher Unbehangen, denn die neuen Mitbewohner brachten eine ganz andere Kultur mit, als die, die aus Deutschland mitgebracht und jahrhundertelang gepflegt wurde. (Viele ehemalige deutsche Dörfer sind - infolge Unwissenheit in Deutschland - heute bemüht ihre deutschen Vorfahren durch Familienstammbücher, die minuziös seit der Ansiedlung bis heute verfasst sind, nachzuweisen.)

So kam es dann auch, dass Hitler mit seiner Doktrin genauso aufgenommen wurde, wie in Deutschland. Einige waren bereit als Freiwillige (so wurde es auch von den Nazis dargestellt) ins deutsche Heer aufgenommen zu werden. Das waren aber nicht alle, denn wer zieht schon gerne in den Krieg und lässt sich erschießen? Viele machten aber mit, um nicht aufzufallen, denn man hätte ihnen die Scheiben eingeschlagen. Rumänien unter General Antonescu wurde zum Verbündeten Hitlerdeutschlands, was eigentlich einigen Rumänen auch nicht gefallen konnte, denn mit Ordnung, Fleiß und Pünktlichkeit nahmen sie es nicht so genau.

Bei Stalingrad wurde schließlich der Teil, welchen die Rumänen halten sollten überwältigt, die rumänische Nazi-Armee total aufgerieben, was in der Hauptstadt Bukarest zum Umsturz der Antonescus-Diktatur führte. Die Rumänen sagten anfangs, dass sie am 23.August 1944 von der glorreichen Sowjetarmee befreit wurden (später – unter Ceausescu - hieß es dann, dass die rumänischen Kommunisten sich selbst befreit hätten.). Letzten Endes wechselten die Rumänen die Fronten und die Deutschen Bewohner des Banates und Siebenbürgens mussten flüchten. Es traf sie allerdings nicht das schlimme Schicksal, welches die deutschen Bewohner Serbiens ereilte. Die Rumänen oder besser gesagt die rumänischen Kommunisten haben die deutschen Einwohner nicht direkt vertrieben, vielmehr waren sie stets bestrebt, sie im Lande zu halten (aber eher als Faustpfand und Geiseln, statt anderer Interessen), zumal sie sich der mitwohnenden Nationalitäten „eventuell erfreuten“: das rumänische Banat war ein Vielvölkerschmelztiegel (Ungarn, Serben, Bulgaren, Rumänen, Deutsche, usw.), wobei alle Nichtrumänen die Möglichkeit hatten, Schulen in ihrer Muttersprache zu besuchen. Aber die rumänischen Kommunisten (die RKP – Rumänische Kommunistische Partei) und ihr Geheimdienst – die Securitate – hielten alle anwesenden Deutschen ausnahmslos als Nazis – und so behandelten sie diese auch: als Sklaven der kommunistischen Diktatur. (Und wenn Herta Müller jetzt auch ausruft, dass alle Banater Schwaben Nazis sind, zu welcher Gruppe muss man sie wohl hinzurechnen?)

Nun kommen Herta Müllers „alternative Fakten" ins Spiel. Zitat:»Sie selbst sei aber keine jener Heimatvertriebenen, die nach 45 im Kollektiv nach Deutschland vertrieben wurden, mit ihnen könne sie sich nicht vergleichen, betonte Herta Müller. „Unsere Gründe zu gehen waren ganz andere, meine waren politisch, ich bin aus einer Diktatur gegangen, ich habe dort nicht leben können..."«

Im Januar 1945 wurden (wahllos deutsche) Männer und Frauen aus dem Banat und Siebenbürgen zusammengetrieben, zum Teil enteignet (Familien wurden getrennt) und für etwa 5 Jahre in die Sowjetunion (SU) ins Arbeitslager verschleppt. Die deutschen Bewohner Rumäniens fanden das sehr ungerecht, zumal anfangs ja auch Rumänen Seite an Seite mit Hitlerdeutschland über die SU herfielen. Männer, die der SU als Kriegsgefangene in die Hände fielen, wurden zum Teil nach Deutschland zurückgeschickt., so, dass Rumäniendeutsche Familien getrennt wurden, denn die Grenzen wurden mittlerweile geschlossen und Heimkehrende eventuell als „Feinde des Kommunismus" erschossen. (Für Herta Müller gibt es keinen Grund sich mit diesen Menschen zu solidarisieren!)

Am 31. Dezember 1947 wurde die Rumänische Volksrepublik ausgerufen und kein Hehl daraus gemacht, dass es sich um eine „Diktatur des Proletariats" handelt (man kann auch Arbeiter-und-Bauern-Staat sagen). Die Enteignungsaktionen liefen wieter. Nein – es kam noch schlimmer für die Banater Schwaben. Zu Pfingsten 1951 wurden erneut (aber nur im Banat) Deutschstämmige aus ihren Häusern hinausgeworfen und 600 km weiter in eine bis dahin unfruchtbare Steppe gebracht (nicht nur, dass die Deportierten die Steppe zu einem fruchtbaren Land verwandelten, nein, es bestand auch die Gefahr, dass die Gegend durch Überschwemmungen der Donau heimgesucht werden konnte und dass im Winter durchaus Temperaturen von bis minus 20 Grad und mehr vorhanden waren). Man muss dazu sagen, dass dabei auch andere Personen deportiert wurden, die man als „Verräter und Verbrecher" am Aufbau des Kommunismus hielt. Den wenigen einheimischen Bewohnern dort wurden die Deportierten als „Verbrecher", mit welchen sie keinen Kontakt aufnehmen sollten, vorgestellt. Nach etwa 5 Jahren konnten die Deportierten wieder nach Hause ins Banat. Dort waren ihre Häuser zeitweise von Kolonisten, die von den rumänischen Kommunisten dahingebracht wurden, bewohnt und teilweise zerstört, dass man sie beinahe neu aufbauen musste. Ich möchte nicht näher darauf eingehen. (Davon weiß Herta Müller nichts, mit diesen Menschen kann sie sich nicht solidarisieren, mit ihnen kann sie sich nicht vergleichen, denn ihre Gründe zu „Gehen" waren ja politisch, weil sie – Herta Müller - dort nicht leben konnte!)

Kollektivierung, Bespitzelung und Drangsalierung brachten das Fass zum Überlaufen. Durch die Kollektivierung wurde den Banater Schwaben (auf den Dörfern) die letzte Möglichkeit für einen etwaigen normalen Lebensunterhalt zu sorgen, genommen. Alle landwirtschaftlich genutzten Tiere und Geräte wurden in die LPG (Landwirtschaftliche Produktions-Genossenschaft) eingebracht. Aber, da waren ja schon viele, die gar nichts eingebracht hatten, die letzten Endes auch davon profitierten. Nicht zuletzt die kommunistischen Agitatoren und Funktionäre, die gar nichts zum Produktionserfolg beitrugen, dafür aber immer wieder die Erfolge des kommunistischen Aufbaus hochlobten und von den Arbeitenden immer mehr verlangten. (Unsere Großeltern und Eltern wurden enteignet und wir lernten in der Schule von der „kommunistischen Umgestaltung der Landwirtschaft".) Weiterhin wurden Freiheiten eingeschränkt. Auslandsreisen waren gänzlich tabu – überhaupt für Deutsche, die man wie Sklaven gehalten hat. Ja so mancher musste sogar, um einen Urlaub im eigenen kommunistischen Lande zu machen, einen Antrag an die lokale Parteiorganisation stellen, die dann entschieden hat, ob der Antragsteller es auch „verdient" hat, seinen jährlichen Urlaub in einem bestimmten Urlaubsort zu nehmen.

In diesem Kontext kam das Verlangen in der deutschen Bevölkerung auf, das Land zu verlassen. Manche warteten 10-20 Jahre auf eine Besuchserlaubnis, andere stellten Anträge, um das Land gänzlich im Zuge einer Familienzusammenführung zu verlassen. Lange geschah nichts.

Was das Studium von Herta Müller angeht, möchte ich nur Folgendes anmerken. Jeder im Lande wusste, nachdem er ein Lyzeum (Gymnasium mit Baccalaureat) absolviert hatte, dass bei einem Literaturstudium nichts anderes durchgenommen wird, als die überhebliche Lobhudelei über den Kommunismus. Wer also so ein Studium angefangen hatte, der musste auch damit rechnen, dass er ein Leben lang (mit einem Untergang der Kommunisten war 1970 noch lange nicht zu rechnen, die Rumänen fühlten sich sehr wohl) mit der kommunistischen Literatur beschäftigen muss. Beim Germanistikstudium kamen natürlich die deutschen Klassiker dazu. Herta Müller absolvierte 1976 die Germanistikfakultät in Temeswar mit dem Ziel an deutschen Schulen zu unterrichten. Aber in dieser Zeit war die Auswanderungswelle der Deutschen aus dem Banat voll im Gange. Warum das so war, wusste man in jener Zeit nicht genau. Herta Müller hatte dadurch zwei Nachteile: sie konnte nicht an deutschen Schulen unterrichten, ihre deutschen Beiträge in diversen Literaturveröffentlichungen wurden nicht mehr gelesen.

Während die Rumäniendeutschen (Banater Schwaben und Siebenbürger Sachsen) massenweise (1969-1989) plötzlich das Land verließen, Herta Müller diese Möglichkeit (1979) auch hatte, aber darauf verzichtete nach Deutschland auszuwandern (endgültiger Umzug von Rumänien nach Deutschland), machte sie sich ans Werk und schrieb ihr Debütwerk „Niederungen" voller Hass (1982) und blieb in Rumänien bei ihren „angeblichen" Verfolgern und Peinigern. (Nebenbei sei erwähnt, dass auch etwa 3 Millionen Rumänen das Ceauşescu-Land verließen – mit ihnen eine Menge Spitzel, die auf ihre Landsleute aufpassen sollten.)

Im **PDF-Dokument HM-NL-79-82.pdf** (in der Anlage) wird ihre Lüge widerlegt, dass sie 4 Jahre auf die zensierte Version ihrer „Niederungen" hat warten müssen, und dass diese im Rotbuch-Verlag in Berlin komplett erschienen wäre. Wahr ist, dass sie ab 1979 vier Jahre lang, Texte gesammelt, diese im Kriterion-Verlag Bukarest 1982 veröffentlicht hat und dass im Rotbuch-Verlag Berlin ganze vier Kapitel (Erzählungen) fehlten. Waren die Berliner Rotgardisten nicht bessere Zensoren als die Bukarester?

Bemerkungen zu „Niederungen": 1982 Kriterion Bukarest (angeblich zensiert), 1983 ZK UTC Preis für „Niederungen" (für kommunistische Ethik); 1984 Rotbuch-Verlag Berlin, da gab es 4 Kapitel weniger: „Damals im Mai", „Die Meinung", „Inge", „Herr Wultschmann" (der Nazi). Einige Kapitel wurden gekürzt, die Reihenfolge wurde geändert. Nachweis: 2011 Fischer Taschen Buch Verlag - angeblich ALLES komplett. (Ein zensiertes „Schriftstück" – Prosawerk genannt - von einer Ver-

folgten wäre im kommunistischen Rumänien NIE veröffentlicht worden!)

Zitat Herta Müller: »Sie selbst sei aber keine jener Heimatvertriebenen, die nach 45 im Kollektiv nach Deutschland vertrieben wurden, mit ihnen könne sie sich nicht vergleichen, betonte Herta Müller. „Unsere Gründe zu gehen waren ganz andere,
meine waren politisch, ich bin aus einer Diktatur gegangen, ich
habe dort nicht leben können. Als Ceaușescu gestürzt wurde,
ab dem Moment war ich nicht mehr im Exil, ich könnte jeden
Tag zurückgehen, und es würde mir nichts passieren."«

Das stellt eine maßlose Überheblichkeit, Frechheit und bodenlose Gemeinheit ihren Landsleuten gegenüber dar – genau so
wie damals in „Niederungen". Mitten in der Freikauf-Aktion
der Banater Schwaben aus den Klauen der kommunistischen
Diktatur, diese im Sinne der Kommunisten zu diskriminieren
und diskreditieren und vor allem alle als Nazis zu bekleckern.
Geht's noch? Kapiert hier niemand?
Vielen Dank für die Aufmerksamkeit. F.B.

HM-NL-79-82.pdf

Herta Müller hat auf das Erscheinen der „Niederungen" 4 Jahre warten müssen.

Realität: sie hat vier Jahre lang Kurzgeschichten gesammelt und veröffentlicht: 1979-1982

(1)=1979 (2)=1980 (3)=1981 (4)=1982

Neue Literatur

Zeitschrift des Schriftstellerverbandes der Sozialistischen Republik Rumänien

30. Jahrgang   Heft 5   Mai 1979

Stationen '79 (V)		
Ronald Perez	tick in aqua tick, am bahlui in jassy	11
Marianne Lahner	wischauer land	12
Dieter Schullerus	Jassy expressionistisch / Liebe... / ...Allein / Lohn	13
Herta Müller	Seitengassen — Damals im Mai / Abziehbild / <u>Der Mann mit der Zündholzschachtel</u> / Die Mäuse / Die Lebenslinie / Seitengassen / Die Straßenkehrer	15

Die **unterstrichenen Titel** kommen alle (nach 4 Jahren) 1982 in **„Niederungen"** vor!

Neue Literatur

Zeitschrift des Schriftstellerverbandes der Sozialistischen Republik Rumänien

30. Jahrgang   Heft 12   Dezember 1979

	Telegramm des Schriftstellerverbands der SRR an Genossen Nicolae Ceauşescu	3
Herta Müller	Drei Geschichten — Der schwarze Kutscher / Heini / Großmutters Schlaf	6
Richard Wagner	noch eignest du dich nicht — Das Immerwieder-gedicht / Das Ende der Orient Bar / Exkurs über das Radio	20

Bemerkung: Auf Seite 3 gibt es immer etwas zum „Obergenossen" Ceausescu (und später während ihres (angeblichen) Publikationsverbotes von Herta Müller (Richard Wagner war damals schon der zweite Ehemann).

=> **21** <=

Kurzgeschichten aus den
"Niederungen" wurden
schon lange vorher veröffentlicht.

Neue Literatur

Zeitschrift des Schriftstellerverbandes der
Sozialistischen Republik Rumänien

31. Jahrgang   Heft 6   Juni 1980

Nachruf auf Marin Preda

3

Neue Literatur

Zeitschrift des Schriftstellerverbandes der
Sozialistischen Republik Rumänien

31. Jahrgang   Heft 12   Dezember 1980

Die „Niederungen" erscheinen im März 1982 als Sammelsurium von Kurzgeschichten, die (zum Teil) im Laufe von 4 Jahren (1979, 1980, 1981, 1982) gesammelt wurden.

Neue Literatur

Zeitschrift des Schriftstellerverbandes der
Sozialistischen Republik Rumänien

32. Jahrgang   Heft 9   September 1981

Neue Literatur

Zeitschrift des Schriftstellerverbandes der
Sozialistischen Republik Rumänien

32. Jahrgang   Heft 12   Dezember 1981

Sind sich alle Leser sicher, dass es sich in „Niederungen" und der gesamten „freien" Presseberichterstattung dazu, NICHT um die Diskriminierung und Diskreditierung einer ehemaligen Minderheit (Banater Schwaben, Opfer der kommunistischer Diktatur, die in den Jahren 1969-1989 die Freiheit aus der kommunistischen Sklaverei suchten) aus dem kommunistischen Rumänien handelt? Wo bleibt deren Meinungsfreiheit?

=> **23** <=

Lieschen Müllers Lügengebäude / HM-NL-82-85 / Teil 2

Thema: Herta Müller führt die freie deutsche Presse in den 1980er Jahren an der Nase herum, weil zum Zeitpunkt der Veröffentlichung ihrer „alternativen" Geschichten keiner die Angaben überprüfen konnte. Während ihres „Publikationsverbotes" hat sie fleißig veröffentlicht.

Sehr geehrte Redaktion,
Sehr geehrte Kulturredaktion,

seit Jahren muss man es ertragen, wie in einer „freien, demokratischen" Gesellschaftsordnung mit Meinungs- und Pressefreiheit, der Leser in Sachen Herta Müller „auf Strich und Faden" regelmäßig belogen wird. Dabei wäre es ganz einfach etwas zu recherchieren! Die Ausgaben der „Neuen Literatur", die Zeitschrift des rumänischen (kommunistischen) Schriftstellerverbandes, können in Deutschland eingesehen werden und daraus ist ersichtlich, dass Herta Müller die deutsche Öffentlichkeit seit 1982 belügt.

In der angefügten PDF-Datei **HM-NL-82-85.pdf** sind Beweise ihrer Veröffentlichungen in der „Neuen Literatur" der Jahre 1982 bis 1985 aufgeführt, welche die Lüge, dass sie in dieser Zeit Publikationsverbot hatte und dass sie verfolgt wurde, widerlegen. (Verfolgte konnten in einem kommunistischen Rumänien, wo die Securitate für Ruhe, Opferbereitschaft und Ordnung sorgte, nicht veröffentlichen, erst recht nicht in kommunistischen Verlagen.)

Man muss nun wissen, dass in dieser deutschsprachigen „Neuen Literatur"-Ausgabe auf den Seiten 1 und 2 in der Regel (immer) das Inhaltsverzeichnis stand. Auf Seite 3 war gewöhnlich etwas über den „großen Conducător" der RKP (Rumäni-

schen Kommunistischen Partei) – Nicolae Ceausescu – zu
lesen. Die Beiträge waren in der Regel im Sinne der kommunistischen Doktrin verfasst und wurde nur von „aufrechten"
Kommunisten und ihren Freunden angenommen. Die Leute
wussten zum Teil, was sie schreiben durften, eine Zensur fand
natürlich statt, aber so viel hat man nicht zensiert, der „unwür-
dige" Beitrag wurde einfach abgelehnt.

Herta Müller behauptete im „Westen", dass sie in Rumänien
verfolgt gewesen wäre und Publikationsverbot hatte. Das kann
in der beigefügten PDF-Datei, in welcher ihre Publikationen in
der „Neuen Literatur" aufgelistet sind, widerlegt werden. Nicht
nur, dass sie zusammen mit ihrem zweiten Ex – dem RKP-
Mitglied, Richard Wagner – im August 1985 etwa 30% der
NL-Ausgabe belegten, nein, sie konnte auch auf Seite 3
veröffentlichen, wo sonst normalerweise der Beitrag Ceauşescus stand! Die Securitate bewachte den ganzen Rummel.
Glaubt hier wirklich einer, dass Herta Müller in diesem
Kontext verfolgt war und dass sie Publikationsverbot hatte?
Soll man da etwas von „Naivität" oder totaler Dummheit
sprechen und damit verbunden mit der Verdummung der Leser
(unter der vielgepriesenen Meinungs- und Pressefreiheit),
welche das Recht auf Wahrheit hätten?

Herta Müller erhielt 1983 einen VdKJ-Preis für „Niederungen". In der angefügten PDF-Datei erklärt ein Rumäne -
Adrian Majuru - was dieser Preis für Herta Müller oder für
junge heranwachsende Kommunisten bedeutete. Daraus ist
nicht erkennbar, dass sie verfolgt war und auch nicht, dass sie
Publikationsverbot hatte.

Spaltung des „kleinen Häufchens", wie Herta Müller die Gemeinschaft der „Banater Schwaben" nennt. Anfangs (1950er
Jahre) waren es noch etwa 400.000 – so lernten wir es in der

Schule. In den Jahren 1969 bis 1989 sind etwa 250.000 per Freikauf nach Deutschland gekommen – und die wurden (offensichtlich - kapiert das hier keiner) 1982 und 1984 von Hertas „Niederungen" diskreditiert und künstlerisch entstellt und in der deutschen Öffentlichkeit „volksverhetzend" dargestellt.

Die Meinungen von Banater Schwaben gehen auseinander, weil:

- es Banater gibt, die in den größeren Städten gelebt haben und keine Ahnung vom Leben der Bauern aus den deutschen Dörfern im Banat hatten (das kann man heute hier in Deutschland auch beobachten, dass die mit Überheblichkeit agierenden Städter die Produkte aus der Landwirtschaft gern vertilgen, den Bauern aber vorschreiben wollen, wie diese erzeugt werden sollen, egal ob es möglich ist oder nicht);
- es Banater gibt, die nie etwas von Herta Müller gelesen haben, aber gehört haben, dass sie einen Literaturnobelpreis bekommen hat, nicht wissen, dass das Thema von Oskar Pastior stammt, aber stolz darauf sind, dass eine Banaterin den Preis bekommen hat;
- es gibt auch Banater Deutsche, die eine weniger große Rolle in der kommunistischen Partei inne hatten, die heute hier leben und mit den rumänischen Kommunisten immer noch paktieren (man unterscheide zwischen Rumänen und rumänischen Kommunisten);
- allerdings sind die Meinungen von Banater Akademikern (mit Ausnahme einiger weniger, die in den Vorständen der Landsmannschaften sitzen und noch immer Angst davor haben, dass man sie noch immer als Nazis beschimpft) gegen das Getue von Müller, was ihre Biografie und Schreiben/Werken angeht, weil sie die Banater Schwaben durch den Dreck zieht. (Nazis gibt

es keine mehr: Nazis - dazu gehören keine Banater Schwaben - sind verantwortlich für 60 Millionen Tote, aber Kozis – Altkommunistische Kotzbrocken und ihre Fans – sind verantwortlich für 90 Millionen Tote, und das Morden ist noch immer im Gange). Kein Landmannschaftsvertreter wird Ihnen auf Ihre Fragen, die richtigen Antworten geben, oder das sagen, was er wirklich denkt. Das ist immer noch das Trauma einer totalitären Erziehung...

Im März 1985 jubelt der „Neue Weg" (deutsche Zeitung im Kommunistischen Rumänien) über „Niederungen": „Ein Buch und fünf Preise!" (2 Preise im kommunistischen Rumänien und 3 Preise bei ihren „Roten Leidensgenossen" in Deutschland!).
Und da soll sie doch – laut eigenen Angaben – Publikationsverbot gehabt haben?!...
Ganz sicher ist aber, dass jeder, der heute Herta Müller im freien, demokratischen Deutschland, mit Meinungs- und Pressefreiheit kritisiert, Publikationsverbot hat.

Carl Gibson, ein ehemaliger , **politischer Häftling Ceauşescus**, hat mehrere Bücher zu Herta Müllers Maskeraden geschrieben. **Aber ein politisch Inhaftierter der Kommunisten darf im freien, demokratischen Deutschland seine Meinung nicht äußern**?!...

Mit ihren Lügen entlarvte sie sich selbst (oder jener, der den Bericht geschrieben hat, oder der nur geholfen hat), als in der „Zeit" (2009) der Bericht „**Die Securitate ist immer noch im Dienst**" erschien. Carl Gibson hat dort die Lügen entlarvt und kritisiert und hat dabei einen „Rauswurf" aus dem Forum hinnehmen müssen, obwohl er NUR die Wahrheit von Herta Müller verlangte (dabei fiel auch der Satz: Die Verleumdung gehört zum Brauchtum der Banater Schwaben). Er hat aber ein Buch geschrieben: „Ohne Haftbefehl gehe ich nicht mit".

Carl Gibson. Rezension: "Ohne Haftbefehl gehe ich nicht mit".
Über Herta Müller: Mit Hass, Hetze, Täuschung und politischer Protektion, sowie Medienunterstützung bis zum Nobelpreis.
"Ohne Haftbefehl gehe ich nicht mit". Über die kommunistische Vergangenheit Europas?
Was schon viele (kaum 20 Jahre danach) vergessen haben!...
Dieses bemerkenswerte Buch über die kommunistische Vergangenheit Europas konte ich beim Autor selbst über den Carl Gibson Blog besorgen. Hier mein Kommentar dazu: „Es sind mehr als 20 Jahre ins Land gegangen, seit die letzten Bastionen der menschenunwürdigen, kommunistischen Regimes gefallen sind, eine Zeit in welcher sich neue, menschenunwürdige Praktiken dieser Regimes erneut stabilisieren, und das mit dem Segen der "unfehlbaren, freien" Medien. Die Pressefreiheit wird mittlerweile genau so gehandhabt wie in den vorab erwähnten Regimes. Die Altkommunisten sind (in der Literatur) wieder im Kommen, auf dem Vormarsch und wollen ihre Untaten verniedlichen. Das bemerkt man auch bei anderen ("großen, literarischen") Publikationen.
Welcher Dissident aus dem ehemaligen kommunistischen Rumänien (unter Ceausescu) oder der ehemaligen DDR (unter Honecker, usw.) hätte dem berüchtigten Geheimdienst (der Securitate oder der Stasi) gegenüber bei einer Verhaftung sagen können: "Ohne Haftbefehl gehe ich nicht mit"? Wer konnte auf einem Bahnhof (Poiana Brasov, Rumänien), den es in Wirklichkeit gar nicht gibt, von der Securitate verhaftet werden? So etwas gelingt nur Herta Müller in einem Bericht bei der Zeit-Online: "Die Securitate ist immer noch im Dienst". Und das geht nur, weil keiner hier weiß, was richtig ist oder richtig sein könnte. Diese und weitere Ungereimtheiten werden in Carl Gibsons Buch beschrieben.
Als ich das Buch, das von Karikaturen von Michael Blümel gespickt ist, gelesen habe, habe ich mir Sätze, die mir besonders gut gefielen und die voll und ganz der Wirklichkeit (die Vergangenheit, die kaum noch von jemandem erkannt und wahrgenommen wird) entsprachen, unterstrichen und markiert. Und jetzt ist mein ganzes Buch unterstrichen und markiert.
Das Buch stellt auch eine Kritik an die nach und nach schwindende Presse- und Meinungsfreiheit, die heute bei uns schon so gehandhabt wird, wie in den oben genannten menschenunwürdigen Regimes dar. Dieses Buch ist meiner Meinung nach empfehlenswert in einem freien, demokratischen Land, in welchem sich nicht Lug, Betrug und Heuchelei ausbreiten dürfen."

Herta Müller, Schirmherrin des Exilmuseums Berlin?
Herta Müller wird zur Schirmherrin des Exilmuseums in Berlin und kann sich so mit den Schriftstellern, die während der Nazi-Diktatur das Land verlassen mussten, gleichsetzen. Aber: Herta Müller war nie verfolgt, nie eingesperrt, hatte nie Publikationsverbot, ganz im Gegenteil, sie war eine Privilegierte des Ceausescu-Regimes mit mehreren Westreisen und zahlreichen Publikationen - die im Sinne der KP geschrieben wurden (sonst wären die nicht veröffentlicht worden und sie hätte keine Preise für kommunistische Ethik dafür bekommen). Sie kam nicht ins Exil nach Deutschland - und erst recht nicht wegen ihrer Verfolgung oder Literatur (bis dahin hatte sie "Niederungen", „Der Mensch ist ein großer Fasan auf der Welt" und "Drückender Tango", sowie eine Menge Texte in der "Neuen Literatur" und anderen Medien veröffentlicht.)

Zu Niederungen: Wieso gibt es bei uns Preisverleihungen für Volksverhetzung von Minderheiten in der „neuen, deutschen" Literatur? Warum wird die Literatur ehemaliger Privilegierter aus dem Altkommunistischen Fan-Block, die die Opfer ehemaliger Ostdiktaturen verhöhnen und verspotten, heute mit Preisen belegt? Warum danken bei uns Bundespräsidenten ab, warum werden andere wieder „abgesägt", warum müssen manche Doktoren ihren Titel "zurückgeben" und warum bekommen Privilegierte menschenunwürdiger Regimes bei „UNS" trotzdem Literaturpreise?

Herta Müller als Schirmherrin des Exilmuseums in Berlin? Nein, Danke!

Reisefreiheit gab es im kommunistischen Rumänien **nur für Privilegierte**: Das heißt, dass so etwas für Banater Schwaben nur ein Traum war. Und durften doch mal welche, dann sind sie hier in Deutschland geblieben. Herta Müller hatte vier Gelegenheiten dem Kommunistischen Chaos, der Verfolgung, der Todesbedrohung und der Drangsalierung zu entfliehen. Zuerst hat sie sich geweigert mit ihrem ersten Ex 1979 Rumänien zu verlassen, dann durfte sie 1984 wenigstens drei Mal nach Deutschland, um ihr Schmutzwerk über die Banater Schwaben - „Niederungen" - das im Sinne der RKP und Securitate geschrieben wurde, zu veröffentlichen – auch zur Frankfurter Buchmesse – und sie ist jedes Mal zu ihren Verfolgern und Peinigern zurückgekehrt. Das macht sie unglaubwürdig.

Vielen Dank. Mit freundlichen Grüßen. F.B.

HM-NL-82-85.pdf

Das Buch (oder Büchlein) „Drückender Tango" erscheint im Frühjahr 1983

Neue Literatur

Zeitschrift des Schriftstellerverbandes der
Sozialistischen Republik Rumänien

34. Jahrgang   Heft 3   März 1983

Neue Literatur

Zeitschrift des Schriftstellerverbandes der
Sozialistischen Republik Rumänien

34. Jahrgang   Heft 8   August 1983

Hetta Müller erhält im Sommer 1983 einen Literaturpreis für „Niederungen" vom ZK des VKJ für kommunistische Ethik.

(ZK=Zentralkomitee)
(VKJ=Verband Kommunistischer Jugend)
(Siehe auch weiter unten Adrian Majuru!)

VKJ-Preis für Banater Autorin

HS — Temeswar/Bukarest. Geehrt wurden in Bukarest die Preisträger des ZK des VKJ für 1982 für schönste literarische Arbeiten jüngerer Autoren verliehen. Den Preis für ein Buch in deutscher Sprache erhielt die aus Nitzkydorf stammende Banater Autorin Herta Müller, 30, Mitglied des Temeswarer Literaturkreises „Adam Müller-Guttenbrunn", für ihren Debütband „Niederungen", den der Bukarester Kriterion Verlag innerhalb der Buchreihe „Kriterion Hefte" herausgebracht hat. Deutschsprachige „Adam Müller-Guttenbrunn"-Literaturpreis erhielt, veröffentlichte noch in den Anthologien „Wortmeldungen", 1972 „Im brennpunkt stehn" (1979) und in AMG-Jahrbuch „Pflastersteine" (1982). VKJ-Preisträger wurden u. a. noch Dan Verona und Traian T. Coșovei.

Herta Müller an Stelle des „Obergenossen": das nennt man Publikationsverbot!

Neue Literatur

Zeitschrift des Schriftstellerverbandes der
Sozialistischen Republik Rumänien

35. Jahrgang   Heft 2   Februar 1984

Bericht über Obergenosse fehlt hier/ dafür gleich Herta Müller.

Wer hat hier Publikationsverbot? Herta Müller oder Nicolae Ceausescu?

Neue Literatur

Zeitschrift des Schriftstellerverbandes der
Sozialistischen Republik Rumänien

35. Jahrgang   Heft 9   September 1984

Obergenossen - Loblied fehlt / dafür gleich Herta Müller (an erster Stelle).

=> 32 <=

Adrian Majuru / 12. August 2010 über Herta Müller
Die eingebildeten Dissidenten gehen bei uns ähnlich vor. Ich habe des Weiteren in meinen Recherchen zwei schwere (flagrante) Fälle der Änderungen der Vergangenheit angetroffen: Herta Müller und Daniela Cräsnaru. Die eine wurde mit dem Nobelpreis geehrt, und die andere als Abgeordnete des PNL und bis vor kurzem Redakteurin bei „Adevărul". („Die Wahrheit"). Und beide bieten Moral-Unterricht an. (PNL = Partidul National Liberal?)

Welche **Bedeutung die VdKJ-Preise** hatten und welches die **Auswahlkriterien** dafür waren? Die preisgekrönten Werke mussten den Willen der jungen Künstler zum Ausdruck bringen, ihren Beitrag zur Bereicherung der Kunst und Kultur unserer sozialistischen Gesellschaft mit Kunstwerken zu leisten, die, die Arbeit, das Leben und die bemerkenswerten Errungenschaften des rumänischen Volkes widerspiegeln und die von einem tiefen patriotischen, revolutionären Geist, von den hohen Idealen des sozialistischen Humanismus durchdrungen sind, die im Bewusstsein der Jugend das Pflichtgefühl wecken sollen, alles für die unbeirrbare Umsetzung (Verwirklichung?) des Programms der Partei, der Anweisungen und Ansichten des Genossen Nicolae Ceauşescu, Generalsekretär der RKP, Präsident der SRR, zu tun. („Viaţa Studenţească", 28. Jahrgang, Nr. 42, 17. Oktober 1984, S.3)
(PCR/RKP = Rumänische Kommunistische Partei)
(RSR/SRR = Sozialistische Republik Rumänien)

Was bedeutete ein VdKJ-Preis? Er bedeutete eine sichere Promotion für die Zukunft. Wenn sie den Preis im 1983 bekam, wundert es mich nicht, dass das Buch ein Jahr später in Deutschland veröffentlicht wurde. Wer nahm bei der Preisverleihung teil? Bei dieser Festlichkeit nahmen teil: „Mitglieder des Zentralkomitees der RKP (Rumänischen Kommunistischen Partei), Vertreter des (National)Rates der Kultur und Sozialistischen Erziehung, Mitglieder des Schriftsteller-Verbandes, Komponisten-Verbandes und Musiker, Aktive des VdKJ", aber auch ein „zahlreiches Publikum". (VdKJ = Verband der Kommunistischen Jugend)

Herta Müller und ihr angetrauter, auserwählter RKP-Gatte - Richard Wagner - belegen fast 1/3 der NL im August 1985, am Tag der Befreiung – dem Nationalfeiertag der rumänchen Kommunisten!!!
(RKP=Rumänische Kommunistische Partei, NL = Neue Literatur)

Neue Literatur

Zeitschrift des Schriftstellerverbandes der
Sozialistischen Republik Rumänien

36. Jahrgang   Heft 8   August 1985

Seite 12-42 = 30 Seiten
von 96 Seiten sind
etwa 30% der Ausgabe!

Im März 1985 jubelt der „Neue Weg" (deutsche Zeitung im
Komm. Rumänien) über „Niederungen": „Ein Buch und fünf
Preise!" (2 Preise im komm. Rumänien und 3 Preise bei ihren
„Roten Leidensgenossen" in Deutschland!) In der
„Niederungenversion" vom Rotbuchverlag, Berlin 1984 – die
„angeblich" vollständig und ohne Zensur sein soll, fehlten
ganze 4 (vier) Kapitel (oder Kurzerzählungen). Das heißt
Zensur „besserer Kom-munisten"!

Neue Literatur

Zeitschrift des Schriftstellerverbandes der
Sozialistischen Republik Rumänien

36. Jahrgang   Heft 1   Januar 1985

Bemerkung am Rande: E.Wichner kam 1975 nach Deutschland
und veröffentlicht 1985 in einer kommunistischen Publikation
in Rumänien.

Lieschen Müllers Lügengebäude / HM-NL-1989 / Teil 3

Thema: Herta Müller führt die freie deutsche Presse in den 1980er Jahren an der Nase herum, weil zum Zeitpunkt der Veröffentlichung ihrer „alternativen" Geschichten keiner die Angaben überprüfen konnte. Während ihres „Publikationsverbotes" hat sie fleißig veröffentlicht.

Sehr geehrte Redaktion,
Sehr geehrte Kulturredaktion,

hatte Herta Müller nun Publikationsverbot oder nicht? War sie Privilegierte des diktatorischen Systems oder nicht? In der PDF-Datei **HM-NL-1989.pdf** werden mehrere Bemerkungen und Beweise dazu angeführt.

Wer zwei ein Halb Jahre nachdem er im „sicheren" freien, demokratischen Deutschland lebt und nach Rumänien zurückkehrt, dorthin zurückkehrt, wo er „angeblich verfolgt, drangsaliert, mit dem Tode bedroht wurde" und ein Loblied auf den Obergenossen und dessen Frau „jodelt", der kann nicht behaupten, dass er Publikationsverbot hatte und dass er verfolgt und verhört wurde. Jede Publikation, die ich in Deutschland über Herta Müller gelesen habe, beinhaltete eine Menge „Ungereimtheiten" und Lügen. Oft hatte ich den Eindruck, dass die Lobliedschreiber keine Ahnung von dem hatten, vorüber sie „etwas" schrieben.

Dass sie nicht ins „Exil" kam, und genau so nach Deutschland kam, wie ihre verunglimpften Landsleute, beweist folgende Aussage bei der Aspekte-Preis-Vergabe 1984 für „Niederungen" vom Rotbuch-Verlag: **Frage der Moderatorin: Wo kommt eine Banatschwäbin hin, wenn sie aus Rumänien (März 1987) nach Deutschland auswandert? HM: „Mir** geht es... ich kann mich auch nicht festlegen, ich kann weder EXIL sagen, ich kann weder nach Hause sagen... EXIL ist es nicht, Heimat ist es nicht!" (Warum wird sie dann Schirmherrin des Exilmuseums Berlin, welches eher jenen reserviert sein müsste, die tatsächlich von irgendeiner Diktatur verfolgt wurden – Herta Müller war es nicht!)

Herta Müllers Landsleute, die Banater Schwaben, verließen massenweise (1969-1989) die kommunistische Diktatur und wollten in Freiheit in Deutschland leben. Warum haben sie und ihr damaliger zweiter Ex – Richard Wagner – diese Menschen verunstaltet und diskreditiert?

Zitate Richard Wagner: „**Wir waren links** und in unseren eigenen Augen, wenn nicht die **besseren Kommunisten,** dann doch die **gebildeteren Marxisten**[#]. Wir [...] **redeten uns mit** "Genosse" an. Eine maximale Provokation für unsere Landsleute, deren Dorfkultur und Folklore wir wenig abgewinnen konnten." (Umgekehrt war es wohl genau so!)

„Die wohl steilste These, die damals einschlägig ersonnen wurde, war, **Herta Müllers ‚Niederungen' seien im Auftrag der ‚ZK-Propaganda Abteilung"** verfasst worden. Und das alles bloß wegen des schwäbischen Bads, einer knappen Seite Text, der die Sauberkeit der Landsleute satirisch zugespitzt in Frage stellte."

„Niemals in der Geschichte konnte eine einseitige Prosa eine Gemeinschaft so folgenreich irritieren als diese." [...] „Zum Glück gab es ‚Kommunisten' wie Nikolaus Berwanger und Emmerich Reichrath, den Feuilleton-Redakteur des Neuen Wegs, der für angemessene Rezensionen sorgte, und einen linken Verlag in Westberlin, auf den die Kunstrichter aus Darowa keinen Einfluss hatten..."

[#] Bessere Kommunisten und Marxisten hätte Rumänien gar nicht hervorbringen können!

> **Sogar die Securitate hatte Angst! Und DIE –Herta Müller und Richard Wagner - mussten ins EXIL? Unglaublich!!!**

Vielen Dank. Mit freundlichen Grüßen. F.B.
Viele weitere Beiträge gibt es hier: http://www.balzerfranz.de unter meine „PDF-Dateien".

HM-NL-1989.pdf

Nachdem Herta Müller (im März 1987 aus Rumänien nach Deutschland umgesiedelt) bereits zwei ein Halb Jahre in Deutschland lebte, veröffentlichte sie ein Loblied auf die Ceauşescus im Nov.1989!! Globales Publikationsverbot! Oder?...

Neue Literatur

Loblied auf die Ceausescus!!!
- nach mehr als 2 Jahren in Deutschland?!...

Rumäniendeutsche Zeitschrift

40. Jahrgang   Heft 11   November 1989

Rolf Bossert	Jene einzige Nacht / Weihnachten 1984
Herta Müller	Ein großes Haus Loblied auf die Ceausescus!!!
Mircea Dinescu	Vertagt / Logbuch
Werner Söllner	Abschied 2
Richard Wagner	Mai / Häuser im Juni
Moses Rosenkranz	Poetische Freiheit
Ingmar Brantsch	Umerziehung / Arschkriechen — Eine Einführung mit praktischen Hinweisen / Die Lenaufeier

Und die Geschichte könnte sich so zugetragen haben: Die Securitate kam nach Berlin, drang in ihre Wohnung ein, durchsuchte sie nach diesem Artikel, fand ihn, nahm ihn mit nach Bukarest und veröffentlichte ihn, gegen ihren Willen!

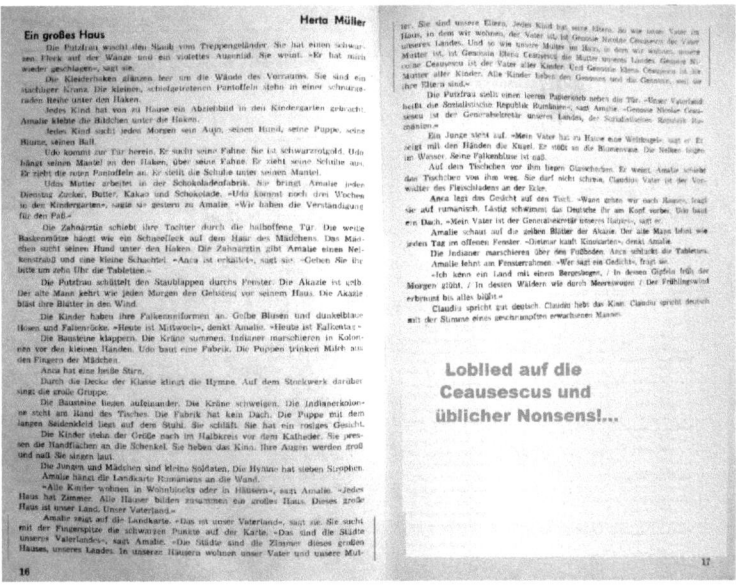

Zitate aus der „Neuen Literatur", November Nr. 11 1989, Seite 16/17 „Ein großes Haus" von Herta Müller (Herta Müller hat im März 1987 Rumänien endgültig verlassen und mehr als 2 Jahre später – November 1989 – dort immer noch veröffentlicht!!!)

Nonsens á la Herta Müller /Seite 16/17
„Die Putzfrau schüttelt den Staublappen durchs Fenster. Die Akazie ist gelb. Der alte Mann kehrt wie jeden Morgen den Gehsteig vor seinem Haus. Die Akazie bläst ihre Blätter in den Wind. Die Kinder haben ihre Falkenuniformen an. Gelbe Blusen und dunkelblaue Hosen und Faltenrocke. „Heute ist Mittwoch", denkt Amalie. „Heute ist Falkentag." Die Bausteine klappern. Die Kräne summen. Indianer marschieren in Kolonnen vor den kleinen Händen. Udo baut eine Fabrik. Die Puppen trinken Milch aus den Fingern der Mädchen. Anca

hat eine heiße Stirn. Durch die Decke der Klasse klingt die Hymne. Auf dem Stockwerk darüber singt die große Gruppe. Die Bausteine liegen aufeinander. Die Kräne schweigen. Die Indianerkolonne steht am Rand des Tisches. Die Fabrik hat kein Dach. Die Puppe mit dem langen Seidenkleid liegt auf dem Stuhl. Sie schläft. Sie hat ein rosiges Gesicht."

„In unseren Häusern wohnen unser Vater und unsere Mutter. Sie sind unsere Eltern. Jedes Kind hat seine Eltern. So wie unser Vater in unserem Haus, in dem wir wohnen, der Vater ist, ist Genosse Nicolae Ceaușescu der Vater unseres Landes. Und so wie unsere Mutter im Haus, in dem wir wohnen, unsere Mutter ist, ist Genossin Elena Ceaușescu die Mutter unseres Landes. Genosse Nicolae Ceaușescu ist der Vater aller Kinder. Und Genossin Elena Ceaușescu ist die Mutter aller Kinder. Alle Kinder lieben den Genossen und die Genossin, weil sie ihre Eltern sind."

Herta Müller – die (alternative) Dissidentin
Interview: Herta Müller im „Spiegel" (1984)
**„SPIEGEL: Frau Müller, vor allem Ihr erstes Buch ‚Niederungen' zeigt, dass Sie nicht nur unter der staatlichen Repression, sondern vielleicht noch unmittelbarer unter der engstirnigen, beschränkten, oft reaktionären Mentalität der deutschen Minderheit gelitten haben. Waren Sie in einem doppelten Sinn heimatlos?"
MÜLLER: „Ja, genau diese muffige spießige Provinzialität hat mir den Hass eingegeben, mit dem ich die ‚Niederungen' schreiben konnte."** (Nestbeschmutzerin oder Volksverhetzung?)

Herta Müller (HM)-Gehässigkeiten **(Banater Schwaben gegenüber) aus Publikationen der Jahre 82/84/87 in Deutschland** (meine Kommentare in Klammer)

- mit Innbrunst halten sie (die Banater Schwaben) ihre rigorosen Familiengesetze;
- schöne Eintracht der schwäbischen Schutz- und Trutzgemeinschaft;
- HM hat in ihren Erzählungen die dörfliche Idylle gründlich auf den Kopf gestellt;
- Hass auf das archaische Dorf, das mit ungeschriebenen Gesetzen und dem Terror der öffentlichen Meinung (bei den Kozis durften nur sie selbst eine öffentlicher Meinung haben) -
- die Leute verstümmelt, eingrenzt und abgrenzt (das war aber die Folge der Unterdrückung durch die Kozis = altkommunistische Kotzbrocken und ihre Fans);
- ich musste mich umerziehen (das verlangen die 68er und will die „linke" Presse heute auch);
- wunschloses Unglück für ein kleines phantasiebegabtes Mädchen (Lachnummer!);
- sie erlebte Erziehung nur als Züchtigung (Erinnerung an Nazis);
- Sexualität als Überfall (selbst erlebtes, deswegen hat sie ihren ersten Mann sitzen lassen, als sie gemeinsam nach D,. auswandern wollten und hat einen Kozi geheiratet);
- (Banater Schwaben) sind festgefahren im Denken (verstehen wohl die kommunistische Doktrin nicht – und vor allem haben sie kein Verständnis für kommunistische Literatur);
- (sie haben) ganz reaktionäre und stupide Auffassungen;
- den Faschismus nicht überwunden;
- sie haben ihre strengen Familiengesetze und öffentlichen Meinungsvorstellungen nicht geändert;
- den Ethnozentrismus nicht überwunden;
- im Hinterkopf die Angst assimiliert zu werden (im Bayerischen Fernsehen wurde das Vorhaben Ceausescus die Minderheiten auszulöschen dokumentiert);

- sie grenzen sich dadurch ab, das ist auch Chauvinismus (bis 1920 bzw. 1945 gab es keine Rumänen in den deutschen Dörfern);
- in der BRD gab es eine einhellige Achtung von Lesern und Kritikern, was die „Niederungen" 1984 angeht (und warum wurden die Meinungen der Landsleute nicht veröffentlicht?);
- die Kritik Zuhause (in Rumänien, in der Fremde) wurde gut aufgenommen, so ähnlich wie in Deutschland (das waren aber Freunde und Mitstreiter, (RKP)Parteimitglieder, die im „Neuen Weg" für angemessene, freundliche Rezensionen sorgten: Emmerich Reichrath im „Neuen Weg");
- die Reaktion der Leser: mit der hatte ich (HM) auch gerechnet (die Empörungen der Banater Schwaben waren also kein Zufall);
- sie fühlten sich bloßgestellt;
- sie fühlten sich verleumdet;
- in ihrem Stolz, in ihrer Ehre, in ihrem Deutschtum und allen Scheintugenden (siehe dazu auch C.F.Delius) vernarrt und bloßgestellt;
- sie haben bitter reagiert;
- anonyme Briefe geschrieben;
- **sie haben eine Hetzjagd begonnen – oder sie hätten sie gerne begonnen;**
- es ist nur bei Drohungen geblieben (auch die Securitate hat nicht eingegriffen, auch in Deutschland nicht);
- HM hat 1984 in 3-4 Tagen den Pass für die Buchmesse bekommen (das war nur Privilegierten und Securitate-Mitarbeitern vorbehalten);
- ich bin immer noch ein Einzelfall (als Privilegierte des Systems 3-4 Westreisen pro Jahr);
- mich (HM) hat der unüberwundene Faschismus gestört (68er) – der in Volksfesten (??? bei den Kommunisten ??? – eine große Lüge – bei den Volksfesten wurde der „Kommunismus"

gefeiert) noch immer da ist, fortgelebt wird, immer wieder zum Vorschein kommt;
- Was DIE unter Literatur verstehen? Kunst und Literatur (so HM) wäre abgehoben vom Alltag und der sozialen Realität (das ist FALSCH: die kommunistische Literatur sollte die Erfolge des rumänischen Volkes, sowie die „Realitäten" des sozialistischen Aufbaus widerspiegeln – siehe dazu Majuru über den Preis des Kommunistischen Jugendverbandes Rumäniens – CC al UTC - für „Niederungen" – Sommer 1983);
HM erhält 1984 Aspekte-Preis für „Niederungen" vom Rotbuch-Verlag;
Frage der Moderatorin: Wo kommt eine Banatschwäbin hin, wenn sie aus Rumänien (März 1987) nach Deutschland auswandert? HM: „Mir geht es... ich kann mich auch nicht festlegen, ich kann weder EXIL **sagen**, ich kann weder nach Hause **sagen...** EXIL ist es nicht, **Heimat ist es nicht!"**
(Warum wird sie dann Schirmherrin des Exilmuseums **Berlin, welches eher jenen reserviert sein müsste, die tatsächlich von irgendeiner Diktatur verfolgt wurden – Herta Müller war es nicht!)**
- HM Zitat (Unverschämtheit!): „Jeder Intellektuelle (aus Rumänien) sollte sich verpflichten, in Rumänien anzugeben, dass er nicht im Rahmen der Familienzusammenführung nach Deutschland kommt, sondern aus politischen Gründen!" (So hätte Rumänien sie gar nicht gehen lassen und Deutschland sie nicht aufgenommen und dafür einen Freikaufpreis bezahlt!...)
Diese Prozedur ist in „Wege in die Freiheit" von Dr.H.G. Hüsch genau beschrieben – danach können Herta Müller **und ihr RKP**[(*)]**-Gatte – Richard Wagner –** kaum als Dissidenten oder Exilanten nach Deutschland **gekommen sein, denn sie waren Privilegierte des kommunistischen Systems und haben gegen den Freiheitsdrang ihrer Landsleute (die sie in diversen literarischen Werken verun-**

glimpften und diskreditierten) und im Sinne der rumäni-
schen, kommunistischen Machthaber gearbeitet,.
[*] RKP = Rumänische Kommunistische Partei (es gab NUR die EINE
Partei)

15.06.2015 Banater Post: Das Gedicht. Der Jargon. Die Legitimation. Richard Wagner

Zitate: „Wir **waren links** und in unseren eigenen Augen, wenn
nicht die **besseren Kommunisten**, dann doch die **gebildeteren
Marxisten**[#]. Wir lasen Ernst Fischer und Herbert Marcuse
und **redeten uns mit "Genosse"** an. Eine maximale Provokation für unsere Landsleute, deren Dorfkultur und Folklore wir
wenig abgewinnen konnten."

„Wir hatten uns die Mundart zum Feind Nummer eins erkoren.
Für uns war Mundart identisch mit Provinz.
(Und sie - die Banater Aktionsgruppe - kamen alle aus dieser
Provinz!)"

„Die wohl steilste These, die damals einschlägig ersonnen
wurde, war, **Herta Müllers 'Niederungen' seien im Auftrag
der 'ZK-Propaganda Abteilung'** verfasst worden. Und das
alles bloß wegen des schwäbischen Bads, einer knappen Seite
Text, der die Sauberkeit der Landsleute satirisch zugespitzt in
Frage stellte."

„Niemals in der Geschichte konnte eine einseitige Prosa eine
Gemeinschaft so folgenreich irritieren als diese." [...] „Zum
Glück gab es 'Kommunisten' wie Nikolaus Berwanger und
Emmerich Reichrath, den Feuilleton-Redakteur des Neuen
Wegs, der für angemessene Rezensionen sorgte, und einen
linken Verlag in Westberlin, auf den die Kunstrichter aus
Darowa keinen Einfluss hatten..."

[#] Bessere Kommunisten und Marxisten hätte Rumänien gar nicht
hervorbringen können! **Und DIE mussten ins EXIL?**

**Aus diesem Grunde ist Herta Müller für die (angehende) Aufgabe
als Schirmherrin eines Exilmuseums zu wirken, nicht geeignet.**

Diverse Briefe und E-Mails an Kulturredaktionen

Was will N. B. in der Bundesrepublik Deutschland?

Banater Post-20-Okt-1985 / Leserbrief (Nikolaus Berwanger)

Seit einem Jahr lebt bei uns in der Bundesrepublik Deutschland einer unserer bekanntesten Landsleute der jüngsten Vergangenheit: Es ist Nikolaus Berwanger, bis September 1984 Kreisratsvorsitzender der Werktätigen deutscher Nationalität und Chefredakteur der N.B.Z. im rumänischen Banat, unserer alten Heimat. Den meisten Banater Schwaben, die nach 1960 ausgewandert sind, ist dieser brave KP-Genosse bestens bekannt, z. T. durch persönliche Begegnungen, z. T. kraft seiner Ämter, die er bislang im Sinne der Kommunistischen Partei Rumäniens und zu derer vollsten Zufriedenheit ausgeübt hatte. Dieser Genosse und seine schwäbischen Mitstreiter, der während seiner ganzen Tätigkeit im Banat der "kapitalistischen" Bundesrepublik nicht wohlgesonnen gegenüberstand und vielen Banater Schwaben, z. T. in persönlichen Gesprächen, von der Ausreise in den Westen ganz allgemein und in die Bundesrepublik Deutschland im besonderen mit großem Nachdruck abgeraten hatte, hat sich ganz plötzlich jetzt auch in den Westen abgesetzt. Also mir persönlich fällt es nur sehr, sehr schwer zu glauben, dass ein Mann, der jahrzehntelang der KP Rumäniens ein sehr treuer Diener gewesen ist - während dieser ganzen Zeit die enormen Vorteile eines KP-Spitzenfunktionärs voll ausschöpfte, politisch ja keinesfalls verfolgt oder unterdrückt gewesen war - einen derartigen Sinneswandel vollzogen haben sollte, um sich für den von ihm bekämpften kapitalistischen Westen entscheiden zu können. Mit anderen Worten: Ich hätte gerne von ihm gewusst, was er hier eigentlich will. Denn ich bin der Meinung, sein Platz ist nicht in der Bundesrepublik Deutschland, sondern in Rumänien. In diesem Zusammenhang gäbe es noch einige Fragen, die man ihm, vor allem von den direkt Betroffenen, klar stellen müsste, bevor er sich, wenn überhaupt, hier gemächlich niederlässt. Denn dass er nicht allen Landsleuten Freund und Helfer gewesen ist, kann doch im Ernst wohl niemand bestreiten, nicht einmal jene, die sich ihm verpflichtet fühlen.

Um über all diese Feststellungen Klarheit zu bekommen, fordere ich N. Berwanger hiermit auf, Stellung zu beziehen. Vielleicht besitzt er die nötige Zivilcourage, um sich zu Wort zu melden. Sollte ihm diese Tugend im Laufe seiner politischen Tätigkeit jedoch abhanden gekommen sein, kann ich nur hoffen, dass er hier im Westen das ernten möge, was er in der alten Heimat gesät hat.

H. M. München

Nikolaus Berwanger, der auch ohne Probleme mehrere Westreisen unternehmen konnte, war Chefredakteur der NBZ (Neuen Banater Zeitung), in welcher bereits 1981 ein Kapitel der „Niederungen" veröffentlicht wurde. Herta Müller verschweigt durchwegs, dass sie nach ihrem Studium zuerst bei der NBZ arbeiten wollte, wo Nikolaus Berwanger Chefredakteur war und so der Mitarbeit mit der Securitate verpflichtet war. Ein anderer Redakteur, dessen Name ich jetzt nicht nennen will, hat nach dem Erscheinen der „Niederungen" (März 1982) der Securitate über die Gehässigkeiten Herta Müllers Bericht erstattet. Die Securitate hat daraufhin (März 1983) eine Akte „Cristina" (über Herta Müller) angelegt, in welcher leider nicht das drin stand, was Herta Müller wollte. (Quelle: „Cristina und ihre Attrappe".)

Seite 46 aus "Cristina und ihre Attrappe".
(Auszüge aus der Securitate-Akte)

"CRISTINA" este contactata periodic de Lt.col. P. Nicolae, din cadrul Serv. I/A pentru influentare pozitiva.

"CRISTINA" wird periodisch vom Oberstleutnant PA. Nicolae aus dem Bereich des I/A Dienstes für positive Beeinflussung kontaktiert.

"Directia a III-a, prin ordinul nr.....17.06.1985 ne comunica ca numita "CRISTINA" se afla in legatura cu un diplomat de la Ambasada R.F. Germaniei din Bucuresti care i-a pus la dispozitie curierul diplomatic pentru a transmite in R.F. Germania datele ce i se solicita de catre ofiterul de securitate cu care se afla in contact...."

Die dritte Direktion gibt uns durch die Mitteilung Nr... vom 17.06.1985 bekannt, dass die benannte "Cristina" in Verbindung mit einem Diplomat der Botschaft der B.R. Deutschland aus Bukarest steht, welcher ihr den Diplomatischen Kurier zwecks Übermittlung von Daten in die B.R. Deutschland zur Verfügung stellt, welche vom Securitate-Offizier, mit welchem sie Kontakt hat, verlangt werden.

Mein Kommentar: "von wegen Verhöre!... und Publikationsverbot nach 82/84!"

[...] se impune necesitatea indeplinirii urmatoarelor sarcini.

[...] wird es erforderlich die folgenden Aufgaben zu erfüllen.

[...]

3. Prevenirea scurgerii unor informatii de interes operativ in strainatate prin:
-influentarea ei positiva;
-plasarea unor date de dezinformare;
-pregatirea contrainformativa a unor persoane detinatori de secrete sau cercetatori de valoare cu care ar intra in relatii.

3. Das Vorbeugen des Abfließens einiger Informationen mit operativem Interesse ins Ausland durch:
- ihre positive Beeinflussung;
- das Ausbreiten einiger Desinformationsdaten;
- die gegeninformative Vorbereitung einiger Personen, die Geheimnisträger sind oder Forscher mit gutem Leumund, mit welchen sie in Verbindung treten würde.

Ich wiederhole:
"CRISTINA" wird periodisch vom Oberleutnant P. Nicolae aus dem Bereich des I/A Dienstes für positive Beeinflussung kontaktiert.
Und:
3. Das Vorbeugen des Abfließens einiger Informationen mit operativem Interesse im Ausland durch:
- ihre positive Beeinflussung;
- das Ausbreiten einiger Desinformationsdaten;
[...]

Fazit: Die "Verhöre" wurden zwecks positiver Beeinflussung gemacht. Daher kann man nie lesen, was bei diesen (virtuellen) Verhören geschehen ist. Und das mit den Desinformationsdaten muss etwas mit der Irreführung der Öffentlichkeit und Medien zu tun haben.

Banater Schwaben gegen Herta-Müller-Kritik

Eine Banater Schwäbin:

Weisst du Franz, wenn du keine anderen Probleme in deinem Leben hast, als die prämierten Schriftsteller zu bekämpfen, so gehörst du zu den glücklichen Menschen und darfst GOTT danken von morgens bis abends. Andere hier müssen gegen Krankheiten kämpfen, haben Schicksalsschläge erlitten oder beweinen den Verlust eines geliebten Menschen. Diese Seite sollte eine Plattform sein, wo die Banater Schwaben sich austauschen können. Erinnerungen teilen, zu den Wurzeln, zu den Dörfern Bezug nehmen können , so dass es eine Freude ist, ein Aufsteller.

Meine Antwort:
Weißt Du M., wenn Du keine andere Probleme hast, als die Literatur – dieser von Dir benannten prämierten Schriftsteller -, welche die Banater Schwaben in der ganzen Welt zum Gespött machen und erniedrigen und diskriminieren, dann solltest Du Dich mal ein wenig informieren. Hier hast Du einige Zitate, die nicht von mir stammen.

Banater Post, März 1984: « Familien-Clan Ceauşescu. In Rumänien ist der 33jährige Sohn Nicu des Staats- und Parteichefs Nicolae Ceausescu zum Ersten Sekretär des kommunistischen Jugendverbandes ernannt worden. Die Machtbasis des Familien-Clans Ceauşescu ist damit erneut erweitert worden.» Von diesem Gremium erhielt Herta Müller einen Literaturpreis für „Niederungen".

Banater Post, November 1984: „Eine Apotheose des Hässlichen und Abstoßenden. Anmerkungen zu Herta Müllers "Niederungen". „Es ist für einen deutschen Autor aus Rumänien seit Ceausescus Minikulturrevolution [...] sehr schwer, etwas im

Westen zu veröffentlichen [...] Am 24.5.81 veröffentlichte der NBZ-Kulturbote eine Kurzgeschichte der Preisträgerin unter der Überschrift „Das schwäbische Bad", die übrigens auch in den Band „Niederungen" aufgenommen wurde [...] Ein Sturm der Entrüstung fegte nach der Veröffentlichung über das schwäbische Banat. Die zweifellos auch literarisch leidgeprüften Banater Schwaben begehrten auf, lehnten die Verunglimpfung entschieden ab [...] Der Dankrede H. Müllers ist zu entnehmen: [...] Die ständige Angst vor dem Assimiliertwerden des ‚kleinen Häufchens', wie sich die Schwaben so gern bezeichnen, ist nichts als eine Rechtfertigung für ihren ETHNOZENTRISMUS. Der Kult, den sie aus den IMAGINÄREN WERTEN ORDNUNG, FLEISS und SAUBERKEIT, Werte, die ihnen und nur ihnen zugeschrieben werden dürfen, ist nichts als eine fadenscheinige Rechtfertigung für ihre Intoleranz." (Welches sind dann die reellen Werte unserer Gesellschaft heute, die solchem Nihilismus Preise vergibt: Lug, Betrug und Heuchelei? Ein Untertitel zu meinem Buch – ein Zufall?)

Und weiter über den Lektor des Rotbuch-Verlages (Berlin), in welchem 1984 die „Niederungen" veröffentlicht wurden: „Hätte nicht das ‚Kulturinstitut der BRD' (Goethe-Institut) in Bukarest Herrn Friedrich Christian DELIUS, der sich selbst als ‚freier MITARBEITER der KLASSENKÄMPFE' bekennt und als Schriftsteller Texte für Leute schreibt, ‚die bewusst oder weniger bewusst ein Interesse zur Veränderung im SINNE des SOZIALISMUS' haben (Delius über Delius in der NBZ vom 26.10.83), [...]."

Zusammenfassung: „Hauptthema von H. Müllers Erzählungen sind die Banater Schwaben und das schwäbische Dorf. Sie werden LITERARISCH DARGESTELLT beziehungsweise ENTSTELLT, sie werden literarisch GESTALTET beziehungsweise VERUNSTALTET. Dabei ist ihr jedes Mittel recht, kein Ausdrucksmittel zu vulgär. Sie verunglimpft ihre Landsleute, ihre Sippe, ihre nächsten Angehörigen. Sie schwelgt in der Darstellung des Hässlichen, des Abstoßenden, des Widerlichen und des Ekelerregenden - des Ekels schlechthin." Und ich ergänze jetzt. Wer so einem Werk Preise vergibt, hat einen ethnozentrischen, kulturellen, ekelerregenden, volksverhetzenden, rassistischen, geistigen Schaden.

Aus der Erzählung „Meine Familie". Zitat: „ ... Mein Großvater hat den Hodenbruch. Mein Vater hat noch ein anderes Kind mit einer anderen Frau [...] die Leute sagen, dass ich [...] von einem anderen Mann bin [...] Die anderen Leute sagen, dass meine Mutter von einem anderen Mann ist und dass mein Onkel von einem anderen Mann ist, aber nicht von demselben anderen Mann, sondern von einem anderen [...] Mein Urgroßvater fuhr jahraus, jahrein jeden Samstag in eine kleine Stadt [...] Die Leute sagen, dass er sich in dieser kleinen Stadt mit einer anderen Frau abgab [...] sie konnte, [...] nicht anderes als eine Badhure sein... " (Um Inzucht geht es auch!)

Im gleichen Bericht geht es weiter mit: „Als Nebenthemen werden noch Tierquälerei, Kinderprügeln, Totenverachtung und anderes mehr behandelt. Immer wieder mit hässlichen, abstoßenden Details, rabulistisch beschrieben. Gelinde gesagt, Aneinanderreihungen von Geschmacklosigkeiten, die der Menschenachtung und Menschenwürde hohnsprechen und die die krankhafte Ablehnung, Verachtung und den Hass der Autorin gegenüber ihrer Familie und ihrem schwäbischen Volksstamm zum Ausdruck bringen."

Und der Banat-Experte C.F.Delius bringt es auf den Punkt: „Delius bewertet das Buch in seiner bereits erwähnten Spiegel-Rezension als "EIN MITREISSENDES LITERARISCHES

MEISTERSTÜCK [...] Die Wertungskriterien, nach denen Delius sein Urteil fällt, verrät er uns selbst. Er erkennt aufgrund der Lektüre von H. Müllers Buch, ‚das deutsche Dorf‚ es ist, mit einem Wort, ‚die Hölle auf Erden'. Er hat das ‚grauenvolle Landleben der Banatschwaben' erfasst und schreibt dies nicht Ceauşescus Sozialismus, sondern einem Deutschtum zu‚das allein auf den Sekundärtugenden Gehorsam, Ordnung, Sauberkeit, Fleiß, Frömmigkeit. . . auf Deutschdünkelei, deutscher Inzucht ... beruht.". (Und wo bleiben die Primärtugenden, Herr Delius?)

Noch ein bemerkenswertes Zitat: „Bemerkenswert ist an diesen Behauptungen die Unbekümmertheit (?!), mit der bundesdeutsche Rundfunksender solche Anschuldigungen unwidersprochen ausstrahlen, denn auch der Deutschlandfunk hat am 7.10.84, um 16 Uhr, ein Gespräch von Zenke mit H.Müller gesendet, in dem ähnliche Anschuldigungen ausgesprochen wurden."

Und so wurden damals die deutschen Leser und die deutsche Öffentlichkeit BELOGEN, und weil es so gut geklappt hat, wird es heute noch immer fortgesetzt. Gegendarstellungen sind nicht erwünscht – sie werden unterdrückt und verschwiegen, wie im Kommunismus.

Banater Post, Januar 1985 zu Herta Müllers "Niederungen" Zitat: „Liebe Banater Post! Zwar bin ich Siebenbürger Sachse, habe aber verwandtschaftliche Bindungen zum Banat sowie recht viel Verständnis für schwäbische Belange und glaube daher, eine gewisse Berechtigung zu nachfolgender Stellungnahme zu haben. Am 8.12.85 übertrug das Fernsehen im dritten Programm (Sendung "Lesezeichen") ein Interview mit der Banater Schreiberin Herta Müller. Leider haben unsere Fernsehanstalten keine Leserrubrik, [...] Um so mehr sollten Dar-

stellungen des Fernsehens, welche das Selbstverständnis –
beispielsweise - ost- oder südostdeutscher Volksgruppen pro-
vozierend tangieren, von der LANDSMANN-
SCHAFTLICHEN Presse nicht UNWIDERSPROCHEN hin-
genommen werden. Es wurde aus dem Band ,Niederungen'
vorgelesen - nicht viel, aber nichtssagend. Das Erscheinen
dieses Bandes (in dem bezeichnenderweise "Rotbuch" benannten Verlag) wurde als literarisches Ereignis begrüßt. Die Quint-
essenz der Autorin: Die Banater Schwaben waren und sind
(heute noch!) faschistische Chauvinisten. Dazu wurden Bilder
gezeigt, welche das schwäbische Dorfleben bewusst verfrem-
den: klägliches Singen [...] dann eine jämmerliche, kleine
Hütte, welche, alles andere als fürs Banater Ortsbild kennzeich-
nend, gewählt worden war – vielleicht steht so etwas im
Bärägan, wo die nach dem Krieg hinverschleppten Banater
Schwaben ähnlich bescheiden anfangen mussten wie ihre Alt-
vordern zu Mercys Zeiten..."

Ich könnte jetzt die Zitate aus dem Werk die „Securitate ist
immer noch im Dienst" (wo sie sich als Dissidentin hochstilisiert), welches in der „Zeit" im Sommer 2009 – also im
Vorfeld der Nobelpreisvergabe erschien, weiter beschreiben.
Ich will nur zwei markante Zitate herausgreifen. Herta Müller
beschreibt darin, wie sie von zwei Securisten „am Bahnhof
Poiana Brasov in den Dreck" gestoßen wurde und denen
gegenüber äußern konnte: „Ohne Haftbefehl gehe ich nicht
mit". Einen Bahnhof Poiana Braşov gibt es aber nicht und die
Securitate hat keinen Haftbefehl benötigt um jemanden mitzunehmen. So etwas konnte sie eventuell Kumpels gegenüber
äußern. Das ganze Sammelsurium an Ungereimtheiten aus diesem Bericht hat Carl Gibson in einem Buch zusammengefasst:
„Ohne Haftbefehl gehe ich nicht mit". Dabei hat man ihm den
Zugang zum Zeit-Forum (bei den Kommentaren) gesperrt.
Freiheitlich, demokratische Meinungsfreiheit? Oder?...

Und 2011 kommt ein weiterer großer Autor, der dasselbe Thema beackert, wie Harte Müller, weil er auch einen Nobelpreis will, und beschreibt erneut die Banater Schwaben wie Herta Müller. Er war ja auch der Einzige, der mit PKW, Dachgepäckträger und Anhänger ERNEUT (also mehrmals) flüchten konnte und bekam seinen Pass sogar schon nach vier Tagen. Und den beiden mit ihren Lügen liegen die „linksverborten" Medien zu Füßen und umschwirren sie wie die Eintagsfliegen die Straßenlaternen.

Herta Müller hat schon einiges draufgesetzt. Aber C.D. Florescu packt noch einiges drauf: Originale Namen, Gestank nach Kot, Urin und dreckverkrusteten Füßen, unter der Strohdecke die eben so ÜBEL RIECHENDEN anderen finden, ständig Besoffene, Geburten auf dem Mist, Sex mit Minderjährigen, die Mutter ist eine Hure, ihre alte Heimat (Lothringen) mit Blut an den Händen verlassen und gleichzeitig Zivilisationsstifter von Triebswetter werden, Brandstiftung, Mörder, Geiselnehmer, Zigeunerjäger, Zigeunerhenker, Vergewaltiger... Hat er überhaupt etwas vergessen. Und das schreibt er über einen Landsmann von uns – einem Triebswetterer – und Triebswetterer (so wie fast alle anderen Banater Schwaben auch) verharren in Stille und Wehmut, verkriechen sich in eine Ecke (eine Ecke, in welche sie von den rassistisch veranlagten, volksverhetzenden Medien sowieso schon hineingestellt wurden – dafür hat ja schon Herta Müller gesorgt) und wagen es nicht dem Diskriminierungsstrom Einhalt zu gebieten. Und Du meinst doch: „Diese Seite sollte eine Plattform sein, wo die Banater Schwaben sich austauschen können." Es fehlt aber GANZ und GÄNZLICH an SOLIDARITÄT!!! Hast Du schon mal den Hauptprotagonisten seines „preisgekrönten" Werkes und seine Familie gefragt, wie sie sich fühlen, was sie von dem „großen" Roman halten? Finden sie es TOLL, dass es Preise am laufenden Band gibt, dass weder sie noch sonst JEMAND eine Rezension absetzen darf, dass es aber gleichzeitig Banater Schwaben (und Schwäbinnen) gibt, die „HURRA" schreien (Werbung in ihrem Heimatbuch dafür machen – angestiftet von Banater Schwaben) und sich für Preisvergaben einsetzen. Du hast auf dieser Banater Facebook-Seite auch schon Belobigungen für Herta Müller und C.D.Florescu ausgesprochen/ geschrieben.

Und wie ist es mit: „Erinnerungen teilen, zu den Wurzeln, zum Dorf Bezug nehmen können"?
Fehlanzeige. Da läuft nichts. Man mokiert sich nur, dass die beiden „armen" Schriftsteller mit einer Suite von Preisen trotzdem auf unserer Homepage kritisiert werden, wo doch die Vorstandschaft der Banater Landsmannschaft hier gerne Belobigungen sehen wollte.

„Mr kann joo nix mache!" Damit gebe ich mich nicht zufrieden und „grabe" alles aus, was man von den beiden Volksverhetzern finden kann. Und das ist bereits eine Menge.
Hier findest Du einiges:
http://www.triebswetter.de/roman-hm.htm

Ja, und das **Securitate-Folter-Martyrium ist auch erfunden** oder soll man dazu neuerlich sagen: fiktionalisierte oder virtuelle Wahrheit/Realität? Ich will nur mal kurz auf die Verhöre eingehen. Gerade in „Mein Vaterland war ein Apfelkern" beschreibt sie alles Mögliche, aber man kann nie konkret erfahren, was denn bei diesen Verhören genau passiert ist. Nur bei der Triennale in Bochum wird einmal geschrieben, dass es sich um Schwarzhandel und Prostitution handeln sollte. Also keine Verfolgung. Und sogar in ihrem Büchlein „Cristina und ihre Attrappe" Seite 46 gibt es einen Auszug aus einer Securitate-Akte, mit dem Inhalt: Zitat/Deutsch: "CRISTINA wird periodisch vom Oberstleutnant P. Nicolae aus dem Bereich des I/A Dienstes für positive Beeinflussung kontaktiert." So war das also! Daher schreibt sie auch, dass sie zu den „Verhören geschminkt und schön angezogen" ging. Aber Herta Müller behauptet, dass diese Securitate-Akte gefälscht sei. Warum sollte die Securitate diese Akte (für den eigenen Gebrauch) fälschen? Herta Müller schafft sich eben die EIGENEN Wahrheiten oder Realitäten.

Zu ihrem Publikationsverbot. Hier gibt es eine ganze Liste von Veröffentlichungen – übrigens zusammen mit ihrem damaligen Mann, Richard Wagner, dem Mitglied der RKP (Rumänischen Kommunistischen Partei) in der deutschsprachigen Literaturzeitschrift „Neue Literatur" von 1980 bis 1989. Im August 1985 belegten beide 30% dieser 96-Seiten starken Ausgabe. Ist 1989 ein Fehler? Sie hat doch Rumänien März 1987 verlassen. Im November 1989 (also mehr als zwei Jahre nach ihrer Umsiedlung – und sie wurde genau so, wie alle anderen Rumäniendeutschen freigekauft und ging weder ins Exill, noch musste sie von diesem „bösen" Ceaușescu flüchten) in der Zeit als die Berliner Mauer fiel, schrieb sie ein Lobgesang auf die Ceaușescus - Neue Literatur Nov.1989, Seite 16/17: „Unser großes Haus". Zitat „So wie unser Vater in unserem Haus, in dem wir wohnen, der Vater ist, ist Genosse Nicolae Ceausescu der Vater unseres Landes. Und so wie unsere Mutter im Haus, in dem wir wohnen, unsere Mutter ist, ist Genossin Elena Ceausescu die Mutter unseres Landes. Genosse Nicolae Ceausescu ist der Vater aller Kinder. Und Genossin Elena Ceausescu ist die Mutter aller Kinder. Alle Kinder lieben den Genossen und die Genossin, weil sie ihre Eltern sind." (Diesen Text hat die Securitate Herta Müller wohl entrissen und ihn in Bukarest publiziert, um sie zu kompromittieren – ohne ihren Willen und ihr Wissen. Oder?)

Ein weiteres Zitat aus diesem hochdotierten literarischen Werk – typisch Herta Müller. Zitat: „Die Putzfrau schüttelt den Staublappen durchs Fenster. Die Akazie ist gelb. Der alte Mann kehrt wie jeden Morgen den Gehsteig vor seinem Haus. Die Akazie bläst ihre Blätter in den Wind. Die Kinder haben ihre Falkenuniformen an. Gelbe Blusen und dunkelblaue Hosen und Faltenrocke. ‚Heute ist Mittwoch', denkt Amalie. ‚Heute ist Falkentag.' Die Bausteine klappern. Die Kräne summen. Indianer marschieren in Kolonnen vor den kleinen Händen. Udo baut eine Fabrik. Die Puppen trinken Milch aus den Fingern der Mädchen." Würde man diesen Text mit der Sprache in „Atemschaukel" vergleichen, würde man sehr schnell feststellen, dass die „Atemschaukel" von jemand anderem – von Oskar Pastior - geschrieben wurde (siehe Seite 299, wo das auch zugegeben wird). Daher kommen darin auch nur Siebenbürger Sachsen vor. Und wenn dann doch einmal Banater Schwaben erwähnt werden, dann sind es geistig Behinderte: Die Planton-Kati – die verrückte – aus dem Banat.

„Berlin, Hauptstadt der Exilanten". Leserbrief

Herta Müller wird zur Schirmherrin des Exilmuseums in Berlin und kann sich so mit den Schriftstellern, die während der Nazi-Diktatur das Land verlassen mussten, gleichsetzen. Aber: Herta Müller war nie verfolgt, nie eingesperrt, hatte nie Publikationsverbot, ganz im Gegenteil, sie war eine Privilegierte des Ceaușescu-Regimes mit mehreren Westreisen und zahlreichen Publikationen - die im Sinne der KP geschrieben wurden (sonst wären die nicht veröffentlicht worden und sie hätte keine Preise für kommunistische Ethik dafür bekommen). Sie kam nicht ins Exil nach Deutschland - und erst recht nicht wegen ihrer Verfolgung oder Literatur (bis dahin hatte sie „Niederungen" und „Drückender Tango", sowie eine Menge Texte in der „Neuen Literatur" und anderen Medien veröffentlicht.)

Zu Niederungen: Wieso gibt es bei uns Preisverleihungen für Volksverhetzung von Minderheiten in der „neuen deutschen" Literatur? Warum wird die Literatur ehemaliger Privilegierter aus dem Altkommunistischen Fan-Block, die die Opfer ehemaliger Ostdiktaturen verhöhnen und verspotten, heute mit Preisen belegt? Warum danken bei uns Bundespräsidenten ab, warum werden andere wieder „abgesägt", warum müssen manche Doktoren ihren Titel "zurückgeben" und warum bekommen Privilegierte menschenunwürdiger Regimes bei „UNS" trotzdem Literaturpreise?

Herta Müller als Schirmherrin des Exilmuseums in Berlin? Nein, Danke!

(Der einzige Beitrag, der veröffentlicht wurde!...)

Sammlung von Presse- u. Medien-Falschmeldungen
(Umgangssprachlich Lügen) betr. Herta Müller
Wird eine Lüge, die oft genug wiederholt wird, zur Wahrheit?

2009. „Die Zeit". „Die Securitate ist immer noch im Dienst"
von Herta Müller
Im Vorfeld der Nobelpreisvergabe an Herta Müller erschien ein
von ihr verfasster Bericht (Artikel/Essay) in „Die Zeit". Darin
beschreibt sie, dass sie von zwei Securisten am Bahnhof Poiana
Brașov in den Dreck gestoßen wurde, und dass sie denen gegenüber „ohne Haftbefehl gehe ich nicht mit" gesagt haben
soll. Aber den Bahnhof Poiana Brașov gibt es gar nicht, dann
gibt es das „Securitate-Folter-Martyrium", welches sonst noch
in dem Bericht beschrieben wurde auch nicht, und die Dissidentin Herta Müller gibt es auch nicht.
Carl Gibson hat darüber mehrere Bücher geschrieben, davon
will ich eins angeben: „Ohne Haftbefehl gehe ich nicht mit".
Carl Gibson hatte etliche Fragen an Herta Müller (wegen ihres
Securitate-Folter-Martyriums), die bis heute (8 Jahre später)
noch immer nicht beantwortet sind. Dafür wurde er aber als
Kommentator bei „Der Zeit" gesperrt, weil er sich (angeblich)
nicht an die „Nettiquette" gehalten hat. Seither hat er (und noch
andere Banater Schwaben) Publikationsverbot in Deutschland!
„Wie gut dass niemand weiß, dass ich Herta Müller heiß..."

Literaturpreis der Stadt Solingen „Die schärfste Klinge"
2014. „Der Menschenwürde eine Stimme geben."
[...] mit dem Preis „eine Schriftstellerin würdigen, die nach
eigener Erfahrung in bewegender Prosa mit eindringlicher
Sprachmacht verdeutlicht hat; welche Verletzungen Menschen
erleiden, die einem diktatorischen Regime ausgesetzt sind".
Wie ist es um die Menschenwürde ihrer Landsleute – den Banater Schwaben - welche sie in „Niederungen" auf das Äußerste besudelt, bestellt; und dafür mehrere Preise von den

Altkommunisten (als Privilegierte) Rumäniens und westdeutschen Medien bekommt?

„Gegen Angriffe kann man sich wehren, gegen Verleumdung ist man machtlos." Welche Möglichkeiten hatten ihre in „Niederungen" 1982 entwürdigten und verleumdeten Landsleute, die in den 70er- und 80er-Jahren die Freiheit suchten, wobei sie gleichzeitig mit ihrer „schmutzigen Prosa" konfrontiert wurden? Wo ist deren Menschenwürde geblieben? Wo bleibt deren Recht auf freie Meinungsäußerung?

Writers for Freedom / „Der weltweite Kampf um die freie Meinungsäußerung"
Herta Müller produziert sich beim ZKM vor der Öffentlichkeit als „Writers for Freedom" Freiheits-Schreiber – Karlsruhe 2016.
Warum wird bei uns die freie Meinungsäußerung nach dem Beispiel wohl der Nazidiktatur als auch der ehemaligen osteuropäischen kommunistischen Diktaturen unterdrückt und verhindert? Warum dürfen die ehemaligen Inhaftierten der Ceaușescu-Diktatur in der heutigen, freien, deutschen Presse ihre Meinung nicht äußern, wenngleich die Meinungen von Scheindissidenten, ehemalige Privilegierte einer menschenunwürdigen kommunistischen Diktatur – wie Herta Müller und Cătălin Dorian Florescu – gleichzeitig verbreitet werden? Haben Banater Schwaben – heute Bundesbürger – kein Recht auf freie Meinungsäußerung?

HAV: Hamburger Autorenvereinigung / Hannelore-Greve-Literaturpreis 2014
Herta Müller ... zeige uns bis heute, "dass es immer Literaten gibt, die ihre Stimme für Freiheit und Grundrechte erheben.
„Die Auszeichnung trifft auf eine Schriftstellerin, die zeitlebens eine mutige Stimme gegen die kommunistische Diktatur in ihrem Geburtsland Rumänien war." HM ist auch heute ein

Vorbild, „wenn sich vor unserer Haustür Zustände auftürmen, welche die sicher geglaubten Errungenschaften unserer Zivilisation bedrohen."

Mein nichtveröffentlichter Kommentar auf der HAV-Seite: Herta Müller hatte eine „mutige Stimme gegen die kommunistische Diktatur in Rumänien". Ich (Banater Schwabe) weiß, dass sie 1982 für ihren Schmutzroman „Niederungen" über Banater Schwaben einen PREIS von DIESER Diktatur erhalten hat. Und das Zitat: „ihre Stimme für Freiheit und Grundrechte erheben", klingt wie Hohn und Spott in meinen Ohren, wenn NIE ein Kritiker IHRER WERKE gehört oder gedruckt wurde. Und nicht zuletzt: „wenn sich vor unserer Haustür Zustände auftürmen, welche die sicher geglaubten Errungenschaften unserer Zivilisation bedrohen" dann sehe ich DIESE PREIS-VERGABE als einen Teil einer solchen Bedrohung!!! Kritiker müssen schweigen! Hoch lebe Lug, Betrug und Heuchelei! Und vor der Nobelpreisvergabe an Herta Müller wurde auch KEIN EINZIGER KRITIKER GEHÖRT! Und so passt dann der Satz ganz genau: „wenn sich vor unserer Haustür Zustände auftürmen, welche die sicher geglaubten Errungenschaften unserer Zivilisation bedrohen." („Zeitlebens" steht bei Herta Müller für die Zeit nach 1987 – nach ihrer Umsiedlung in die B.R.Deutschland! Davor war sie Privilegierte des kommunistischen Systems, ihr Ehemann Richard Wagner sogar Mitglied der RKP – Rumänischen Kommunistischen Partei.)

Wowereit versagt Herta Müller die Ehrenbürgerwürde von Berlin. Kommentar von Peter Hahne in der BamS (27.07.2014) (Bild am Sonntag)

Zitat: „Beim Streit um die Ehrenbürgerwürde für Herta Müller ist Berlin wieder dabei sich lächerlich zu machen… Bis heute schreibt sie gegen die Schreckensherrschaften kommunistischer Diktaturen an, die sie selbst erlebt hat. Im Kampf um die

Rechte der Siebenbürger wurde sie vom rumänischen Ceauşescu-Regime gedemütigt und eingesperrt."

Meine nichtveröffentlichte Antwort: „Herta Müller ist und war weder eine Bürgerrechtlerin, noch schrieb sie immer gegen kommunistische Diktaturen an, noch kämpfte sie um die Rechte der Siebenbürger (sie ist eine Banaterin), noch war sie im kommunistischen Regime Rumäniens eingesperrt. Ganz im Gegenteil, sie bekam für ihr Hass- und Schmutzwerk „Niederungen" (in welchem sie ihre eigenen Landsleute - die Banater Schwaben - auf das Äußerste verleumdet und erniedrigt) sogar einen Preis vom Zentralkomitee der Rumänischen Kommunistischen Jugend und durfte, was andere nicht durften, während des „geschlossenen. eisernen Vorhangs" mehrmals ins Ausland (nach Deutschland), um ihr Werk vorzustellen."

Betr.: An die Referenten der Tagung „**Gegenwartsliteratur denken**": Pressefreiheit, Meinungsfreiheit, Forschungsfreiheit und Künstlerfreiheit trotz Volksverhetzung.
hier: Öffentlicher Brief an die Referenten der Tagung „Herta Müller – Gegenwartsliteratur denken" im Kloster Bronnbach, Februar 2015.

Herta Müller war nie eine Bürgerrechtlerin, nie eine Dissidentin, sie war keine Siebenbürgerin, sondern eine Banaterin, schrieb eher FÜR die kommunistischen Machthaber (oder in deren Auftrag, Ausnahme „Atemschaukel", das war aber 2009, da war sie auch schon längst in Deutschland – seit 1987 – obwohl sie gar nicht ausreisen wollte, sie hat es sogar veranlasst, sich von ihrem ersten Mann zu trennen, als der die Ausreisepapiere erhielt) und vor allem war sie NIE eingesperrt und wurde auch nie von der Securitate verhaftet, wie in dem Bericht in der Zeit-Online (2009): "Die Securitate ist immer noch im Dienst". Diesen Bericht sehe ich eher noch als Drohung all jener gegenüber, die ihre Werke kritisieren. Denn wenn

Banater Schwaben das Wort "Securitate" hören/lesen/sehen, dann verstummen und verkriechen sie sich sofort: Und das mehr als 20 Jahre nach dem Fall Ceauşescus. (Was doch eine „richtige Erziehung" alles bewirken kann!) Und gedemütigt wurden eher die Banater Schwaben durch ihr Werk „Niederungen", die sich gegen diese Infamie nicht wehren dürfen.

Literaturpreisvergabe an Herta Müller (Heinrich-Böll-Preis der Stadt Köln). Schreiben an den OB der Stadt Köln und gleichgeschaltete Medien (2016)
betr.: Preisverleihungen für Volksverhetzung von Minderheiten in der „neuen deutschen" Literatur? Warum wird die Literatur ehemaliger Privilegierter aus dem Altkommunistischen Fan-Block, die die Opfer ehemaliger Ostdiktaturen verhöhnen und verspotten, heute mit Preisen belegt? Warum danken bei uns Bundespräsidenten ab, warum werden andere wieder „abgesägt", warum müssen manche Doktoren ihren Titel „zurückgeben" und warum bekommen Privilegierte menschenunwürdiger Regimes bei „UNS" trotzdem Literaturpreise?
Verwendete Falschmeldungen in den Medien (Einige Highlights aus den Lobgesängen):
„Die Jury lobte die ‚schonungslosen Schilderungen' ihrer rumänischen Heimat"
„Nach Schreib- und Publikationsverbot floh sie 1987 vor der Ceauşescu-Diktatur nach Deutschland."
(Warum ist sie denn immer wieder in das Land ihrer Verfolger und Peiniger zurückgekehrt? Warum hat sie es veranlasst, sich von ihrem ersten Mann zu trennen, um in Rumänien bei ihren Peinigern zu bleiben, nachdem dieser zusammen mit ihr den endgültigen Reisepass für Deutschland – 1979 - erhalten hatte?)
Kommunistische Diktatur als Lebensthema: „Ich habe mir das Thema nicht ausgesucht, sondern musste damit fertig werden".
Das Werk „Atemschaukel" ist zum Großteil Oskar Pastiors

Werk, er erzählte und sie schrieb – nach ihren eigenen Angaben – ganze Hefte voll.
„Doch selbst in der Bundesrepublik wurde sie noch eine Weile von den Agenten der Securitate, des Geheimdienstes des Ceau-şescu-Regimes, mit Todesdrohungen verfolgt." (Das waren wahrscheinlich wegen der „Niederungen" aufgebrachte Banater Schwaben!)

Hölderlin-Preis-Verleihung an Herta Müller durch die Uni und Stadt Tübingen / Schreiben an die Stadt Tübingen und an Herrn Prof. Jürgen Wertheimer und gleichgeschaltete Medien (2016)
Zitat: „Als Angehörige einer deutschen Minderheit in Rumänien aufgewachsen, thematisiert Herta Müller in ihren Texten ‚Erfahrung von Gewalt, Verlust der Würde und Heimatlosigkeit'... Sie war wiederholt Verleumdungen, Verhören und Hausdurchsuchungen ausgesetzt. 1987 reiste sie in die Bundesrepublik Deutschland aus... Ihr ‚Gefühl für Fremdheitserfahrungen' gilt als unbestechlich."
Im Hinblick auf die „Niederungen" kann man nur den Verlust der Würde und die Verleumdung, ja sogar Volksverhetzung gegenüber ihrer Landsleute – den Banater Schwaben – anführen. Der Rest ist Selbstinszenierung zur Dissidentin.
Sonst erfährt man dieselben Zitate, die schon vorhin aufgeschrieben wurden. Noch zwei Bemerkungen:
(Welcher „Shitstorm" bricht heute über jemanden zusammen, wenn er etwas Negatives über Flüchtlinge sagt/schreibt - wenn er gerade mal als Rechtsextremist bezeichnet wird, kann er noch froh sein. Und was hat Herta Müller 1982/1984 mit ihren „Niederungen" gemacht? Ist das nicht dasselbe Problem? Nein? Sie darf das, weil sie Schriftstellerin ist und auf die Künstlerfreiheit pochen kann! Die „Niederungen" werden heute noch gedruckt – das Problem ist also nicht verjährt!)

(Und was heißt Diskriminierung? Wenn heute Kritiker protestieren, posten, Rezensionen verfassen oder die Medien anschreiben und Ihre Meinungen – die eigentlich oft nur Fakten sind - werden mit allen Mitteln unterdrückt, nicht veröffentlicht oder die ganz üble Diskriminierung, keine Antwort bekommen! Auch eine Anspielung auf: „Er ist wohl der aus den meisten Blogs Ausgeschlossene." – Hinweis auf Carl Gibson, ein ehemaliger Inhaftierter der kommunistischen Diktatur und Herta-Müller-Kritiker, der heute auch „mundtot" gemacht werden muss!)

Universität Jena verleiht <u>Sprachmagierin</u> Ehrendoktorwürde / Schreiben an Professoren-Doktoren und Medienvertretern (2017)

Meine Bemerkung: Die sprachlichen Erfindungen, die in den (west)deutschen Medien über Herta Müller kursieren, nehmen langsam „unglaubliche" Züge an. Der Begriff „Sprachmagierin" stellt dabei ein Novum, ein Unikum, der Gipfel der „literarischen Belobigungen" dar. Wenn Lügen, Betrügen, in die Irre führen eine besondere Fähigkeit mit Sprache umzugehen darstellt, dann passt das Wort „Sprachmagierin" hervorragend zu allem, was ich in den letzten 6 Jahren über Herta Müller gehört, gelesen und recherchiert habe.

Zweite Bemerkung: Ich kann nach mehreren Jahren Recherchen sagen, dass so mancher westliche Professor, der Herta Müller (und auch Cătălin Dorian Florescu) mit Preisen und Belobigungen belegt oder regelrecht überhäuft, sein Tun und Handeln überdenken sollte, denn was über die beiden in der deutschen Medienlandschaft veröffentlicht wurde, <u>fast alles falsch</u> ist. Ich will Ihnen einige Zitate aus verschiedenen Publikationen, die heute in dieser Hinsicht so gleichgeschaltet sind, so dass sich Stasi und Securitate die „Finger abschlecken würden", kommentieren.

Zitat Thüringer Allgemeine: „Wie unsere Zeitung aus unterrichteten Kreisen erfuhr, haben die Jenaer Rumänisten den maßgeblichen Impuls für diese Auszeichnung gegeben. Denn Müller, 1953 in Nitzkydorf, <u>Siebenbürgen</u>, geboren, gehörte dort der deutschsprachigen Minderheit der Banater Schwaben an; 1987 übersiedelte sie nach massiven Repressionen durch das Ceauşescu-Regime in die Bundesrepublik."

Was im zweiten Satz stimmt: 1953, Nitzkydorf, Banater Schwaben, 1987 übersiedelt – ALLES ANDERE ist falsch.

Zitat Thüringer Allgemeine: „Immer wieder finden sich in ichren Werken Sujets aus dem rustikalen familiären Umfeld, der dörflichen Existenz in Siebenbürgen und vor allem von der Unterdrückung unliebsamer Minderheiten in totalitären Strukturen. Zum Teil verarbeitet sie eigenes Erleben, in Atemschaukel."

Als Banaterin (Westrumänien) beschreibt sie NIE die Unterdrückung (in „Niederungen" erfahren die Banater Schwaben gerade mal das Gegenteil) und das familiäre Umfeld in Siebenbürgen (Zentralrumänien) und in „Atemschaukel" verarbeitet sie auch NICHTS selbst Erlebtes, denn die Geschichte gehört zu Oskar Pastior (Siebenbürger Sachse, er wäre jener, der den Nobelpreis verdient hätte).

Zitat Thüringer Allgemeine: „Zart-fragile, durchdringende Stimme der Freiheit. Die ersten literarischen Texte veröffentlichte Müller – wenngleich zensiert – noch in Rumänien. Erst nach ihrer Ausreise ins deutsche Exil wurde sie einem größeren Leserkreis namhaft…"

Die „durchdringende Stimme der Freiheit" ist absoluter Humbug! Herta Müller kam nicht ins deutsche Exil, sie ist gänzlich umgesiedelt, genau so, wie ihre Landsleute, die sie im Sinne der RKP (Rumänischen Kommunistischen Partei) in ihrem Erstlingswerk auf das Äußerste VERUNSTALTET. Und wegen der Zensur: Siehe dazu weiter unten: Die Aussage „Das Werk ‚Niederungen'…"

Was hat den <u>Banater Schwaben in „Niederungen"</u> nicht gefallen? War es nur die Geschichte mit dem „Schwäbischen Bad"? Und der Rest der Erniedrigungen? Z.B. wird deren Lebensweise an einem wohl einzigartigen Beispiel im Banat – einer Familie (vielleicht hat sie aber so <u>ihre eigene Familie erlebt und das verallgemeinert</u>) die so nie im Banat anzutreffen war - derart übertrieben, dass eigentlich alle Deutschen Ämter, Verbände und Institutionen auf die <u>Banater Schwaben</u> – während der Freikaufphase 1969 bis 1989 - als ‚<u>gefährliche Übeltäter</u>' hätten aufmerksam werden müssen: das Jugendamt wegen Einprügeln auf Kinder, Frauenorganisationen wegen Diskriminierung und Erniedrigung der Frauen, Tierschutzorganisationen wegen Tierquälerei (z.b. den Hund mit dem Fuß getreten, bis er verendete, dem Kalb das Bein abgehackt, damit es notgeschlachtet werden konnte), der Drogenfahndung (weil ‚vermummte' Großmütter Mohnkuchen backten und auserwählte Banater Krähenmist als Droge nutzen), Polizei wegen gewalttätiger und besoffener Männer und Korruption, usw. Ganz zu schweigen von Fremdgehen, Inzucht und Dergleichen – einen Umstand, den man eher heute findet, damals aber für die katholischen Gläubigen Tabu war.

Herta Müller-Lesung: "**Mein Vaterland war ein Apfelkern**" (2017). Kulturpark AQUA MAGICA Bad Oeynhausen & Löhne, Theater Münster – Großes Haus, in Münster, Deutsches Auswandererhaus, Bremerhaven / Schreiben an Moderatoren und Medien.
Mein Thema/MOTTO: "Wird die Lüge, die oft genug wiederholt wird, zur Wahrheit?"
Das kann nicht jeder verstehen, der in Deutschland aufgewachsen ist, und nie das „Glück" hatte, eine kommunistischen Diktatur wie jene in Rumänien oder in der ehemaligen DDR zu erleben. Da bildet Herr Wichner eine Ausnahme - aber er hat offensichtlich nicht alles mitbekommen, was so gelaufen ist

(oder will er es nicht mitbekommen haben). So wird es einigen eben auch schwer fallen einzusehen, dass Herta Müller seit über 30 Jahren die Deutsche Öffentlichkeit belügt. (Wer auch immer die Infos verbreitet, seit 1984 gibt es eine Leuchtspur von Lügen, die in den Medien in Deutschland verbreitet werden. Manchmal ist die Phantasie der "Produzenten" grenzenlos.) Ich finde allerdings, dass das Buch von Herta Müller **"Mein Vaterland war ein Apfelkern" die Spitze dieser Lügengeschichten** darstellt. Wie es um diese Lügengeschichten bestellt ist, finden Sie in meinen kommentierten Veröffentlichungen in diesem Buch (Kurzinfo, siehe weiter oben). Weiter oben finden Sie auch eine Suite von Veröffentlichungen von Herta Müller in Rumänien in der "Neuen Literatur", aus einer Zeit, in welcher sie dort angeblich Publikationsverbot hatte - ja sogar Loblieder (1989) auf die Ceausescus noch nach ihrer Ausreise (1987) aus Rumänien.

In ihrem Werk „Cristina und ihre Attrappe" behandelt Herta Müller ihre Securitate-Akte. Alle Personen zu welchen sie Kontakt hatte, haben irgendeinen Makel - nur sie selbst nicht. Die Secu-Akte ist entkernt, enthält nicht das, was sie erwartet hat, ja sie ist sogar von der Securitate gefälscht. Sie legt sich „die Wahrheit" so zurecht, wie es ihr gerade passt. Keiner von unseren recherchierfreudigen Medienexperten kommt auf die Idee, das Ganze einmal zu überprüfen. **Nur was Herta Müller behauptet, zählt, die Meinung** (bzw. das Wissen) **aller anderen wird verschwiegen und vertuscht**, genau so wie im vor 30 Jahren untergegangenen Kommunismus. Das Rad der Geschichte dreht sich eben, oder?... Wieso sind unsere Medien heute besser? Das ist leserverachtende Volksverdummung!

Die Aussage: „Sie – **Herta Müller – wurde verfolgt und mehrmals verhört"**.

Diese Aussage kann man mehrmals in den Büchern „Mein Vaterland war ein Apfelkern" und „Cristina und ihre Attrappe", sowie in diversen Interviews lesen. In den beiden Büchern findet man keine einzige konkrete Aussage oder irgendeinen Hinweis dazu. Nur ein einziges Mal wäre es um 3 kg Kartoffeln gegangen, die auf dem Schwarzmarkt gekauft wurden. Sonst ist sie schön gekleidet und geschminkt zum Verhör. Man glaubt ihre eigene Behauptung, ohne sie irgendwie überprüfen zu können.

Seite 46 aus „Cristina und ihre Attrappe"
"CRISTINA" este contactata periodic de Lt.col. P. Nicolae, din cadrul Serv. I/A pentru influentare pozitiva.
"CRISTINA" wird periodisch vom Oberstleutnant P. Nicolae aus dem Bereich des I/A Dienstes für positive Beeinflussung kontaktiert.
Mein Kommentar: „von wegen Verhöre!... und Publikationsverbot nach 82/84"!

Die Aussage: „Das Werk ‚Niederungen' erschien erst nach vier Jahren und war stark zensiert und danach hatte sie - Herta Müller – Publikationsverbot". (Siehe auch weiter oben.)
In rumänischen Publikationen (in Deutscher Sprache, „Neue Literatur") kann man genau nachweisen, dass viele Texte, die sich 1982 in „Niederungen" fanden, schon von 1979 bis 1981 vorab publiziert wurden. 1984 erschienen die „Niederungen" im Rotbuch-Verlag in Deutschland und hier fehlten GANZE VIER KAPITEL! Wo wurde jetzt eigentlich zensiert?
In Publikationen der deutschsprachigen Zeitschrift des Rumänischen Schriftstellerverbandes (Neue Literatur) kann man nachlesen, dass Herta Müller und ihr damaliger Gatte – Mitglied der Kommunistischen Partei Rumäniens – nach 1982 MUNTER WEITER PUBLIZIERT haben – und dass während des Publikationsverbotes? Im August 1985 haben Herta Müller

zusammen mit ihrem damaligen Mann – Richard Wagner – 30% der Ausgabe dieser Zeitschrift mit Beschlag belegt. (Warum August? Am 23. August feierten die rumänischen Kommunisten den Tag der Befreiung.). Herta Müller hat sogar noch im November 1989 (Ceausescu wurde im Dezember 1989 gestürzt) ein Loblied auf Ceausescu in dieser Zeitschrift veröffentlicht - und da war sie schon länger als 2 Jahre lang Bundesbürgerin.

Zitate aus der „Neuen Literatur", November Nr. 11 1989, Seite 16/17 „Ein großes Haus" von Herta Müller (Sie hat im März 1987 Rumänien endgültig verlassen und November 1989 dort immer noch veröffentlicht!!! Siehe weiter oben!)

MASSON-ROSENOW - LITERARISCHES-DUETT / Über den sich ausbreitenden Agrammatismus / Zitate.

„Hätten Sie und andere Experten für Literatur nicht so lange tatenlos zugesehen, wie wortgewordener Bockmist hier schon jahrelang als Feingebäck verkauft wird, so müssten wir Lieschen Müller hier und heute nicht als Lichtgestalt ertragen, als die sie in der Literaturszene nun schon länger herumgereicht wird. Ein Wort von Ihnen, zur rechten Zeit ausgesprochen, hätte den Siegeszug dieser agrammatischen Sprachakrobatin stoppen können. Dieses Wort jedoch ist meines Wissens niemals gefallen."

Und über „Niederungen": „Die habe auch ich gelesen. Sie meinen doch sicher jene frühen Texte, die sozusagen aus der Dackelperspektive geschrieben sind, aus der Sicht des kleinen Mädchens, das sich am Knie des Vaters festhält. Da hatte man in der Tat den Eindruck, hier würde quasi auf Millimeterpapier in nicht ungeglückter Weise etwas eindrücklich Erfahrenes geschildert. Die Katastrophe begann erst, als Lieschen Müller sich anschickte, das Schreibmuster dieser frühen Versuche auf die Erwachsenensphäre zu übertragen."

Seite 12-42 = 30 Seiten
von 96 Seiten sind
etwa 30% der Ausgabe!

Neue Literatur

Zeitschrift des Schriftstellerverbandes der
Sozialistischen Republik Rumänien

36. Jahrgang   Heft 8   August 1985

Hier werden verschiedene Briefe/E-Mails/Schreiben an diverse Kulturredaktionen, die Falschmeldungen über Herta Müller oder Lieschen Müller abgedruckt haben, wiedergegeben, daher kommen gelegentlich Textteile mit gleichem Inhalt mehrmals vor.

Auf die Reaktionen der diversen Kulturredakteure wird hier nicht eingegangen, denn die überaus „intelligent (ein)gebildeten" Redaktionen fanden keine Worte uns zu antworten, oder sie waren nicht bereit die falschen Beiträge zu korrigieren.

Universität Jena verleiht <u>Sprachmagierin</u> Ehrendoktorwürde

Sehr geehrter Herr Dr. Dahmen,
Sehr geehrter Herr Dr. Rosenthal,
Sehr geehrter Herr Dr. Hirsch,
Sehr geehrte Journalisten|innen,

die sprachlichen Erfindungen, die in den (west)deutschen Medien über Herta Müller kursieren, nehmen langsam „unglaubliche" Züge an. Der Begriff „Sprachmagierin" stellt dabei ein Novum, ein Unikum, der Gipfel der „literarischen Belobigungen" dar. Wenn Lügen, Betrügen, in die Irre führen eine besondere Fähigkeit mit Sprache umzugehen darstellt, dann passt das Wort „Sprachmagierin" hervorragend zu allem, was ich in den letzten 6 Jahren gehört, gelesen und recherchiert habe.

Bevor ich weiter schreibe, möchte ich Sie fragen. Sind die ehemaligen Jenaer (DDR-) Dissidenten echte Dissidenten oder auch nur „Scheindissidenten"? Wenn diese auch zum Scheindissidententum gezählt werden können, dann brauchen Sie nicht weiter zu lesen. Was sind aber Scheindissidenten? Das sind Personen, die zur Zeit der kommunistischen Herrscher (wie Honecker und Ceauşescu) voll und ganz dafür gearbeitet und plädiert haben, Privilegien, wie Westreisen, in (kommunistischen) parteieigenen Zeitschriften veröffentlichen „genossen" und als sie dann schließlich doch in den Westen „umsiedelten" (ein Ziel, welches alle Banater Schwaben, Siebenbürger Sachsen und auch viele ehemalige DDR-Bürger anstrebten – die allerdings NICHT INS EXIL – wie Herta Müller - gingen) taten sie das plötzlich wegen „massiver Repressionen", angeblicher Verfolgungen und Verhören durch den Geheimdienst.

Ich bin (war) Banater Schwabe (und habe 5 Jahre lang –
während der Ceausescu-Zeit - an der West-Uni – heute UVT -
zu Temeswar studiert). Ich zähle mich aber nicht mehr dazu,
weil meine Landsleute zu feige sind, aufzutreten und von gewissen Leuten, die „am laufenden Band" die Medien belügen,
bzw. zulassen, dass dort ständig Lügen verbreitet werden (Vorstand der Landsmannschaft der Banater Schwaben, mit welchen auch Herta Müller verkracht ist oder war, weil die ihrer
Ansicht nach einmal Nazis und später IMS – Informelle Mitarbeiter der Securitate - waren). Ein aus Rumänien stammender
Schweizer Schriftsteller (der Ceauşescu wie Vater und Mutter
hielt, mit PKW, Dachgepäckträger und Anhänger 1982 – dem
Erscheinungsjahr der „Niederungen" - flüchten konnte, dessen
Vater die Nachbarsleute an die Securitate verpfiff) hat sich genau meinen Geburtsort zum Thema eines Romans ausgesucht,
wobei er die Vorfahren und Landsleute, die ich persönlich
kenne, auf die unwürdigste Art und Weise beschrieb: ständig
dreckige, stinkige, besoffene Mörder, Geiselnehmer, Vergewaltiger, Zigeunerjäger, Zigeunerhenker, die ihre alte Heimat
mit Blut an den Händen verließen, um als Zivilisationsstifter
eines Banater Ortes zu gelten. Auch er durfte sich in der
Thüringer Allgemeinen äußern: „Ich bin kein Banater Schwabe, teile diese Geschichte nicht, daher konnte ich mir Freiheiten erlauben... Ich habe keinen Vater wie Jacob (der im Roman
von seinem Vater an die Russen verraten wird, so dass er
deportiert wurde)." Als der preisgekrönte Schriftsteller – der
selbst behauptete er sei **kein** Dissident – in der (heutigen) ADZ
(Allgemeine Deutsche Zeitung Rumäniens) behauptete, dass **er
und Herta Müller dasselbe Thema** (gemeint war dabei das
ebenfalls sowohl von den rumänischen Kommunisten - 1982 -
als auch von ihren westdeutschen Kommunismusverehrern –
1984 - preisgekrönte Werk „Niederungen") **beackern**, habe ich
mich um die „literarischen" und „wahrheitsgetreuen" Ver-

öffentlichungen von und über Herta Müller beschäftigt. Ich kann nach mehreren Jahren Recherchen sagen, dass so mancher westliche Professor, der Herta Müller (und auch C. D. Florescu) mit Preisen und Belobigungen belegt oder regelrecht überhäuft, sein Tun und Handeln überdenken sollte, denn was über die beiden in der deutschen Medienlandschaft veröffentlicht wurde, fast alles falsch ist. Ich will Ihnen einige Zitate aus verschiedenen Publikationen, die heute in dieser Hinsicht so gleichgeschaltet sind, so dass sich Stasi und Securitate die „Finger abschlecken würden", kommentieren.

Zitat Thüringer Allgemeine:
„Wie unsere Zeitung aus unterrichteten Kreisen erfuhr, haben die Jenaer Rumänisten den maßgeblichen Impuls für diese Auszeichnung gegeben. Denn Müller, 1953 in Nitzkydorf, Siebenbürgen, geboren, gehörte dort der deutschsprachigen Minderheit der Banater Schwaben an; 1987 übersiedelte sie nach massiven Repressionen durch das Ceausescu-Regime in die Bundesrepublik."
Kommentar: In Siebenbürgen geboren und zu den Banater Schwaben zu gehören ist falsch. Es sei denn, die Siebenbürger Sachsen haben sich das Banat einverleibt oder erobert und annektiert. (Siebenbürgen liegt in Zentralrumänien zwischen den Karpatenzügen und das Banat – mit Nitzkydorf - liegt in Westrumänien in der Ebene an der Grenze zu Serbien und Ungarn.) Das Herta Müller unter „massiven Repressionen" stand, kann durch folgende Fakten widerlegt werden. Sie bekam im Sommer 1983 einen Preis vom Zentralkomitee der Kommunistischen Jugend Rumäniens (CC al UTC - zu Rumänisch: Comitetul Central al Uniunii Tineratului Comunist), konnte das Schmutzwerk über die Banater Schwaben – die „Niederungen" - beim Rotbuch-Verlag in Westberlin 1984 veröffentlichen, worauf sie in der B.R.Deutschland auch einige Preise (initiiert von der linken 68er-Bewegung, mit welchen

die „Aktionsgruppe Banat" auch Kontakte hatte) bekam, durfte danach mit dem Segen der Securitate den Westen mehrmals zusammen mit ihrem damaligen Ehemann – Richard Wagner – bereisen, während sie gleichzeitig in Rumänien angeblich Publikationsverbot gehabt hätte (was eben nicht stimmt, siehe weiter unten). Das Werk „Niederungen" wäre in Rumänien 1982 zensiert worden, dabei war aber die Westdeutsche Version 1984 vom Rotbuch-Verlag um ganze vier Kapitel kürzer. Hat Herta Müller da etwas verwechselt, oder hat sie nicht mitbekommen, dass die Vertreter vom Rotbuch-Verlag bessere Kommunisten (die vier Kapitel ihres Buches weggelassen oder wegzensiert haben ohne dass sie etwas bemerkte) waren, als jene, die sie in Rumänien angeblich verfolgten.

Zitat Thüringer Allgemeine:
„Der Festakt wirft auch ein starkes Licht auf die Jenaer Hochschule, die nach den politischen Umbrüchen 1989/90 einen entschiedenen Akzent in der Aufarbeitung totalitaristischen Unrechts setzte [...] Herta Müller, die als scheu und zurückgezogen gilt, hat ihr Kommen bereits zugesagt. Die ehemals starke Szene der Jenaer DDR-Dissidenten kann sich darauf freuen."
Kommentar: Dass die starke Szene der Jenaer DDR-Dissidenten einen entscheidenden Akzent bei der Aufarbeitung des totalitaristischen Unrechts beigetragen hat, ist ihnen hoch anzurechnen. Ob sie sich aber freuen sollen und werden, wenn sie hören, dass sie eine „Scheindissidentin" (oder alternative Dissidentin, oder virtuelle Dissidentin) treffen, wird vielleicht etwas unerfreulich für sie ausgehen. (Warum Scheindissidentin? Lesen Sie bitte weiter unten.)

Zitat Thüringer Allgemeine:
„Immer wieder finden sich in ihren Werken Sujets aus dem rustikalen familiären Umfeld, der dörflichen Existenz in Sie-

benbürgen und vor allem von der Unterdrückung unliebsamer Minderheiten in totalitären Strukturen. Zum Teil verarbeitet sie eigenes Erleben, in Atemschaukel."

Kommentar: Herta Müller hat NIE die dörfliche Existenz in Siebenbürgen beschrieben, denn von den Siebenbürger Sachsen (die vor mehr als 800 Jahren aus der Umgebung von Luxemburg nach Siebenbürgen zogen – haben also mit Sachsen von dem ehemaligen Gebiet der DDR nichts zu tun) hätte sie heftigeren Widerstand erhalten als von den ängstlichen Banater Schwaben (die vor etwa 250-300 Jahren aus Elsass-Lothringen und Süddeutschland ins Banat ausgewandert sind, und weil es in der Regel katholische Familien waren, waren sie auch bei den ehemaligen DDR-Bürgern relativ unbeliebt – siehe dazu Kommentare zu Florescus „Jacob beschließt zu lieben"). Dass in den letzten Jahren Ceauşescus – der sich wie ein „echter" kleptokratischer Nationalkommunist aufführte - die „mitwohnenden Nationalitäten" Rumäniens (und das waren alle) eine zunehmende Einschränkung erfuhren, weil er die Nationalitäten und deren Identität ausschalten und auslöschen wollte, um ALLER gemeinsame Zukunft, den Kommunismus aufzubauen, ist eine Tatsache. Das wird aber NIE in Herta Müllers Prosawerken beschrieben – zumindest nicht in der Zeit als sie noch in Rumänien wohnte (bis 1987) und Systemprivilegien genoss. „Eigenes Erleben" in „Atemschaukel" hat sie auch nicht beschrieben, denn diese Geschichte hat sie NIE erlebt. Das ist die Geschichte von Oskar Pastior: „Er diktierte und sie schrieb ganze Hefte voll" (siehe Seite 299.) - und sie erhielt den Nobelpreis!

Zitat Thüringer Allgemeine:
„Zart-fragile, durchdringende Stimme der Freiheit. Die ersten literarischen Texte veröffentlichte Müller – wenngleich zensiert – noch in Rumänien. Erst nach ihrer Ausreise ins deutsche Exil wurde sie einem größeren Leserkreis namhaft…"

Kommentar: Über die ersten literarischen Texte und deren Zensur habe ich schon weiter oben berichtet. Hier muss ich aber noch etwas ergänzen. Herta Müller behauptet, dass sie vier Jahre lang auf die Veröffentlichung der „Niederungen", die stark zensiert waren, hatte warten müssen. Nach dem Erscheinen hatte sie Publikationsverbot. Im kommunistischen Rumänien gab es in den Jahren 1950 bis 1989 (vielleicht auch noch danach – „Neues Deutschland" gibt es ja auch heute noch) eine Literaturzeitschrift der deutschen Literaturschaffenden aus dem kommunistischen Rumänien, die monatlich in Bukarest erschien, die anfangs 120 Seiten und später etwa 96 Seiten erfasste und „Neue Literatur" hieß. In dieser Zeitschrift erschienen ab 1979 bis 1982 fast alle Kurzprosatexte, die 1982 bei der Veröffentlichung der „Niederungen" durch den Kriterion-Verlag abgedruckt wurden. (Genauere Angaben siehe weiter oben) 1981 erschien in der Lokalzeitung des Banates (Neue Banater Zeitung) die Kurzgeschichte „Das Schwäbische Bad", welches die Banater Schwaben von nah und fern „auf die Palme" brachte. Der Ärger war so groß, dass einige Banater Schwaben tatsächlich im März 1982 der Securitate darüber berichteten. Diese hat dann im März 1983 eine Akte „Cristina" angelegt.

Das wird in Herta Müllers „Cristina und ihre Attrappe" beschrieben. Darin behauptet sie aber auch, dass diese Securitate-Akte von dieser gefälscht sei. (Siehe weiter unten.) Sie veröffentlichte 1983 sowohl in der „Neuen Literatur" als auch im Kriterion-Verlag die Prosa „Drückender Tango" und 1984 im Rotbuch-Verlag, Berlin, die „Niederungen", wo ganze vier Kapitel fehlten. Wo wurde jetzt zensiert? Sie durfte mit dem Segen der Securitate mehrmals Westdeutschland bereisen, um ihr Schmutzwerk anzupreisen und Preise zu kassieren und ist jedes Mal in das Land ihrer Verfolger und Peiniger zurückgekehrt. Nach 1984 veröffentlichte sie munter mit Richard

Wagner und Mitgliedern der „Banater Aktionsgruppe" – die angeblich auch verfolgt wurden – in der „Neuen Literatur" wieter – trotz „angeblichen" Publikationsverbotes. Die Neue Literatur war folgendermaßen aufgebaut. Seite eins und zwei war das Inhaltsverzeichnis und Seite drei war immer für ein Werk Ceauşescus vorgesehen. Und wenn einmal wirklich nichts über Ceauşescu berichtet werden konnte, war ein Werk oder Bericht von Herta Müller oder Richard Wagner auf Seite drei abgedruckt. Im August 1985 – am Nationalfeiertag der Rotkommunisten - haben Herta Müller und Richard Wagner 30% der Neuen Literaturausgabe – also 30 Seiten - mit Veröffentlichungen belegt. Und da soll sie doch Publikationsverbot gehabt haben. (Das versteh ich aber nicht! War sie deshalb eine Dissidentin? Das versteh ich auch nicht!) Sie hat sogar noch im November 1989 – nachdem sie schon seit 1987 im sogenannten deutschen „Exil" war, in der Neuen Literatur in Rumänien veröffentlicht. Dazu folgendes Zitat aus der NL, Nov.1989: Titel der Story (Seite 16/17): „Unser großes Haus". Zitat „So wie unser Vater in unserem Haus, in dem wir wohnen, der Vater ist, ist Genosse Nicolae Ceausescu der Vater unseres Landes. Und so wie unsere Mutter im Haus, in dem wir wohnen, unsere Mutter ist, ist Genossin Elena Ceausescu die Mutter unseres Landes. Genosse Nicolae Ceausescu ist der Vater aller Kinder. Und Genossin Elena Ceausescu ist die Mutter aller Kinder. Alle Kinder lieben den Genossen und die Genossin, weil sie ihre Eltern sind." (Diesen Text hat die Securitate Herta Müller wohl entrissen und ihn in Bukarest publiziert – ohne ihren Willen und ihr Wissen. Oder?)

Was hat den Banater Schwaben in „Niederungen" nicht gefallen? War es nur die Geschichte mit dem „Schwäbischen Bad"? Und der Rest der Erniedrigungen? Z.B. wird deren Lebensweise an einem wohl einzigartigen Beispiel im Banat – einer Familie (vielleicht hat sie aber so ihre eigene Familie erlebt und das verallgemeinert) die so nie im Banat anzutreffen war - derart übertrieben, dass eigentlich alle Deutschen Ämter, Verbände und Institutionen auf die Banater Schwaben – während der Freikaufphase 1969 bis 1989 - als ‚gefährliche Übeltäter' hätten aufmerksam werden müssen: das Jugendamt wegen Einprügeln auf Kinder, Frauenorganisationen wegen Diskriminierung und Erniedrigung der Frauen, Tierschutzorganisationen wegen Tierquälerei (z.B. den Hund mit dem Fuß getreten, bis er verendete, dem Kalb das Bein abgehackt, damit es notgeschlachtet werden konnte), der Drogenfahndung (weil ‚vermummte' Großmütter Mohnkuchen backten und auserwählte Banater Krähenmist als Droge nutzen), Polizei wegen gewalttätiger und besoffener Männer und Korruption, usw. Ganz zu schweigen von Fremdgehen, Inzucht und Dergleichen – einen Umstand, den man eher heute findet, damals aber für die katholischen Gläubigen Tabu war. Dieselben Interessen hatten auch die „auserwählten" Mitglieder der RKP – Rumänischen Kommunistischen Partei – die es nicht gerne sahen, dass alle Deutschen das Land verlassen wollten, und ebenfalls alle kollektiv als Nazis oder Hitleristen beschimpften.

Warum hat Herta Müller ihren ersten Mann verlassen, nachdem er und sie die Ausreisepässe zum gänzlichen Verlassen Rumäniens (und Umsiedeln in die B.R.Deutschland) erhalten haben? (Jeder, der zu jener Zeit die Gelegenheit hatte, hat das kommunistische Rumänien verlassen – legal oder illegal in den Augen der Machthaber! So mancher ist von einer Besuchsreise nicht zurückgekehrt – nur Herta Müller und Richard Wagner sind mindestens drei Mal zu ihren „Peinigern" und „Verhörern" zurückgekehrt!)

Waren die DDR-Bürger – die Republikflüchtlinge, die an der deutsch-deutschen Grenze erschossen wurden auch alle Nazis? Die wollten doch auch alle als Deutsche nach Westdeutschland. Warum wurden/werden dann die Banater Schwaben sowohl von Herta Müller als auch von den rumänischen Kommunisten als Nazis bezeichnet?

Wie wurde das von Richard Wagner, einem Ex von Herta Müller kommentiert?
(Das Gedicht. Der Jargon. Die Legitimation.
Banater Post 15.06.2015)
„Wir waren links und in unseren eigenen Augen, wenn nicht die besseren Kommunisten. dann doch die gebildeteren Marxisten... Eine maximale Provokation für unsere Landsleute, deren Dorfkultur und Folklore wir wenig abgewinnen konnten."
„Wir hatten uns die Mundart zum Feind Nummer eins erkoren. Für uns war Mundart identisch mit Provinz." (Auch Ablehnung und Verachtung.) „Die wohl steilste These, die damals einschlägig ersonnen wurde, war, Herta Müllers .'Niederungen' seien im Auftrag der ‚ZK-Propaganda-Abteilung' verfasst worden. Und das alles bloß wegen des schwäbischen Bads, einer knappen Seite Text, der die Sauberkeit der Landsleute satirisch zugespitzt in Frage stellte."
„Niemals in der Geschichte konnte eine einseitige Prosa eine Gemeinschaft so folgenreich irritieren als diese... Zum Glück gab es ‚Kommunisten' wie Nikolaus Berwanger und Emmerich Reichrath, den Feuilleton-Redakteur des Neuen Wegs, der für angemessene Rezensionen sorgte, und einen linken Verlag in Westberlin, auf den die Kunstrichter aus Darowa keinen Einfluss hatten."
Meine Antwort: (Nur aus Darowa? „Zum Glück gab es noch Verbündete im Westen", die heute ebenfalls für angemessene Rezensionen sorgen, und andere Meinungen unterdrücken, und auch die Landsmannschaftsführung reagiert heute ANDERS! Wie im vor 25 Jahren untergegangenen Kommunismus: Publikationsverbot, Unterdrückung der Meinungsfreiheit und Desinformation der eigenen Landsleute!)

Die **ACHSE DES GUTEN** von Richard Wagner 21.10.2010
„Die Gibsons oder Die Banater Schwaben, ihre selbsternannten Sprecher und unser Zwei-Fronten-Krieg"
„Meine Landsleute, die Banater Schwaben, waren immer schon dafür bekannt, dass sie sich mehr dem Haben zuneigten als dem Sein. Deswegen ist auch nicht viel übrig von einer eventuellen geistigen Disputation, die ihre und meine Geschichte hätte begleiten können. .... Um es kurz zu machen, am Kommunismus störte sie nicht die eingeschränkte Freiheit, sondern die Enteignung."
„Wahr ist, dass das Privateigentum eine Voraussetzung für die individuelle Freiheit darstellt, aber wahr ist auch, dass die Freiheit eines geistigen Horizonts bedarf."

Und über Carl Gibson?
„Gibson hält wahrscheinlich einen einzigartigen Rekord im heutigen Deutschland. Er ist wohl der aus den meisten Blogs Ausgeschlossene."
Meine Antwort/Frage betr. Carl Gibson: Warum darf ein von der Ceauşescu-Diktatur Inhaftierter und Gefolterter in einem freien demokratischen Land seine Meinung nicht äußern?)

C.F. Delius, der Redakteur des Rotbuch-Verlages, behauptete: „Das Banater Dorf sei die Hölle auf Erden". Er glaubte aber - genau so wie es ihm Herta Müller eingeflößt hat - dass das dem Umstand zu verdanken gewesen wäre, dass die Leute sich gegenseitig gehasst haben, weil sie alle Nazis waren. Dass der Kommunismus für die „Hölle auf Erden" verantwortlich war, ist ganz und gar untergegangen. Genau so, wie die Tatsache, dass die Ankunft der Kommunismusflüchtigen aus Rumänien unter den 68ern nicht gern gesehen wurde, denn die widersprachen dadurch ihren verbohrten Zielen auf deutschem Boden den „Kommunismus aufzubauen".

Kommentare zu Herta Müllers „Cristina und ihre Attrappe" Seite 46 aus "Cristina und ihre Attrappe".
R: "CRISTINA" este contactata periodic de Lt.col. P. Nicolae, din cadrul Serv. I/A pentru influentare pozitiva.
D: "CRISTINA" wird periodisch vom Oberstleutnant P. Nicolae aus dem Bereich des I/A Dienstes für positive Beeinflussung kontaktiert.

R: "Directia a III-a, prin ordinul nr.....17.06.1985 ne comunica ca numita "CRISTINA" se afla in legatura cu un diplomat de la Ambasada R.F. Germaniei din Bucuresti care i-a pus la dispozitie curierul diplomatic pentru a transmite in R.F. Germania datele ce i se solicita de catre ofiterul de securitate cu care se afla in contact...."
D: Die dritte Direktion gibt uns durch die Mitteilung Nr... vom 17.06.1985 bekannt, dass die benannte "Cristina" in Verbindung mit einem Diplomat der Botschaft der B.R. Deutschland aus Bukarest steht, welcher ihr den Diplomatischen Kurier zwecks Übermittlung von Daten in die B.R. Deutschland zur Verfügung stellt, welche vom Securitate-Offizier, mit welchem sie Kontakt hat, verlangt werden.

Mein Kommentar: "von wegen Verhöre!... und Publikationsverbot nach 82/84!"

R: [...] se impune necesitatea indeplinirii urmatoarelor sarcini.
D: [...] wird es erforderlich die folgenden Aufgaben zu erfüllen.
[...]
R: 3. Prevenirea scurgerii unor informatii de interes operativ in strainatate prin:

-influentarea ei positiva;
-plasarea unor date de dezinformare;
-pregatirea contrainformativa a unor persoane detinatori de
secrete sau cercetatori de valoare cu care ar intra in relatii.

D: 3. Das Vorbeugen des Abfließens einiger Informationen mit
operativem Interesse ins Ausland durch:
- ihre positive Beeinflussung;
- das Ausbreiten einiger Desinformationsdaten;
- die gegeninformative Vorbereitung einiger Personen, die
Geheimnisträger sind oder Forscher mit gutem Leumund,
mit welchen sie in Verbindung treten würde.

Ich wiederhole:
"CRISTINA" wird **periodisch vom Oberstleutnant P.** Nicolae
aus dem Bereich des I/A Dienstes **für positive Beeinflussung
kontaktiert.**
Und:
3. Das Vorbeugen des Abfließens einiger Informationen [...]
durch:
- **ihre positive Beeinflussung;**
- das **Ausbreiten einiger Desinformationsdaten;**

Fazit: Die „Verhöre" wurden zwecks positiver Beeinflussung gemacht. Daher kann man nie lesen, was bei diesen
(virtuellen) Verhören geschehen ist. Und das mit den Desinformationsdaten muss etwas mit der Irreführung der Öffentlichkeit und Medien zu tun haben.

Herta Müller behauptet in „Cristina und ihre Attrappe", dass
diese Securitate-Akte entkernt (weil wohl nicht DAS drin steht,
was sie der westlichen Welt als Scheindissidentin und Schein-
verfolgte „vorgelogen" hat?) und eine Fälschung ist. Sie richtet
sich die Wahrheit so zurecht, wie es ihr gerade Mal in den

Kram passt. Und alle „Scheindissidentengläubigen" glauben das alles – ohne etwas zu überprüfen... Kritiker – wie Carl Gibson, der wirklich inhaftiert war – müssen mundtot gemacht werden. Können wir noch sicher sein, dass wir in einem freiheitlich, demokratischen Rechtsstaat leben?

Bemerkung: Warum sollte die Securitate 1985 ein Dokument fälschen, welches eigentlich den eigenen Mitarbeitern zur Verfügung stehen sollte? Wussten die schon damals, dass man diese Akten eines Tages der Öffentlichkeit zugänglich machen wird, und haben so HM kompromittieren wollen?

Meine Schlussfolgerungen:
Preisverleihungen für Volksverhetzung von Minderheiten in der „neuen deutschen" Literatur?
Warum wird die Literatur ehemaliger Privilegierter aus dem Altkommunistischen Fan-Block, die die Opfer ehemaliger Ostdiktaturen verhöhnen und verspotten, heute mit Preisen belegt? Warum danken bei uns Bundespräsidenten ab, warum werden andere wieder „abgesägt", warum müssen manche Doktoren ihren Titel "zurückgeben" und warum bekommen Privilegierte menschenunwürdiger Regimes bei „UNS" trotzdem Literaturpreise?

Zum Begriff Volksverhetzung: mit mehreren Handlungsvarianten...
Die erste Handlung, das Aufstacheln, ist eine verstärkte, auf die Gefühle des Adressaten abzielende, über bloße Äußerung von Ablehnung und Verachtung hinausgehende Form des Anreizens zu einer emotional gesteigerten feindseligen Haltung...
Auf einen Erfolg, in Form, dass tatsächlich ein Hass erzeugt wird ist nicht erforderlich.

Wichtig dabei ist nur, dass sie das Ansehen des Bevölkerungsteiles herabsetzen können.

Es gibt noch eine Menge Sachen, die ich hier anführen könnte. Sie könnten hier weiter lesen:
Schreiben an Martin Schulz (damals Präsident des Europaparlamentes, betr. Meistermannpreis, Wittlich)
http://www.franz-balzer.de/HM-Meistermann-Preis-2016-Wittlich.pdf

Flyer zum Anlass der Veranstaltung „**Writers for Freedom**"/Karlsruhe 2016
http://www.franz-balzer.de/HM-ZKM-FLYER-2.pdf

Schreiben an Prof. Wertheimer / Tübingen zum Anlass einer Preisverleihung
http://www.franz-balzer.de/HM-an-ProfWert-Tuebingen-A4.pdf

Die Banater Landsmannschaft wagt es zur Zeit nicht mehr den Landsleuten die Wahrheit zu sagen/schreiben:
http://www.franz-balzer.de/FLYER-3Spalten-Kissingen-Deportationsliteratur.pdf

Allgemeine Kommentare zu diversen Aussagen von und über Herta Müller in DIVERSEN MEDIEN:
http://www.triebswetter.de/roman-hm.htm

Allgemeine Kommentare zum Roman von C. D. Florescu über Triebswetter und Banater Schwaben:
http://www.triebswetter.de/roman.htm

Carl Gibson: „Plagiat als Methode" Wo beginnt das literarische Plagiat? Zur Instrumentalisierung des Dissidenten-Testimoniums „**Symphonie der Freiheit**"
http://carl-gibson.blogspot.de/2013/10/plagiatsvorwurfe-gegen-die.html

Carl Gibson: „Ohne Haftbefehl gehe ich nicht mit" (Herta Müller soll an einem **nichtexistierenden** Bahnhof Poiana Brașov Securisten gegenüber geäußert haben: „Ohne Haftbefehl gehe ich nicht mit".)
http://carl-gibson.blogspot.de/2014/03/neu-carl-gibsons-pamphlet-ohne.html

Carl Gibson: „Heimat, Werte und Kultur der Banater Schwaben in den Zerrbildern Herta Müllers" - Das „deutsche Dorf im Banat", „Reich der Grausamkeit" und „Hölle auf Erden"!?
http://carl-gibson.blogspot.de/2016/10/autor-author-auteur-carl-gibson-bucher.html

Vielen Dank für Ihre Aufmerksamkeit
Mit freundlichen Grüßen F.B.

Stuttgarter Gespräch 2018
Highlights aus dem Schreiben

Was hat den Banater Schwaben in „Niederungen" nicht gefallen? War es nur die Geschichte mit dem „Schwäbischen Bad"?
Und der Rest der Erniedrigungen? Z.B. wird deren Lebensweise an einem wohl einzigartigen Beispiel im Banat – einer Familie (vielleicht hat sie aber so ihre eigene Familie erlebt und das verallgemeinert) die so nie im Banat anzutreffen war - derart übertrieben, dass eigentlich alle Deutschen Ämter, Verbände und Institutionen auf die Banater Schwaben – während der Freikaufphase 1969 bis 1989 - als ‚gefährliche Übeltäter' hätten aufmerksam werden müssen: das Jugendamt wegen Einprügeln auf Kinder, Frauenorganisationen wegen Diskriminierung und Erniedrigung der Frauen, Tierschutzorganisationen wegen Tierquälerei (z.b. den Hund mit dem Fuß getreten, bis er verendete, dem Kalb das Bein abgehackt, damit es notgeschlachtet werden konnte), der Drogenfahndung (weil ‚vermummte' Großmütter Mohnkuchen backten und auserwählte Banater Krähenmist als Droge nutzen), Polizei wegen gewalttätiger und besoffener Männer und Korruption, usw. Ganz zu schweigen von Fremdgehen, Inzucht und Dergleichen – einen Umstand, den man eher heute findet, damals aber für die katholischen Gläubigen Tabu war.
Woran kann man hier erkennen, dass hier explizit „Nazis" beschrieben wurden? Alle Banater Schwaben, welche diese Beschreibungen kritisierten, wurden von Herta Müller als „Nazis" verunglimpft.

Es ist beschämend, dass man in der deutschen Öffentlichkeit heute nicht mehr weiß, was in der Zeit des „eisernen Vorhangs" in den osteuropäischen Ländern los war. Daher ist es auch nicht verwunderlich, dass zwei Schriftsteller daherkommen und die deutschen Medien seit (etwa) 30 Jahren belügen können. Sie „beackern" sozusagen „dasselbe Thema", laut einer Aussage von C.D. Florescu in einer rumäniendeutschen Publikation (ADZ): **„Die Verunglimpfung und Diskriminierung – ja sogar übelste rassistische Volksverhetzung - einer ehemaligen unterdrückten deutschen Minderheit aus dem kommunistischen Rumänien".** Und die deutschen Medien stehen daneben, applaudieren und vergeben Preise und übersetzen den „preisgekrönten Schund" sogar in Fremdsprachen (siehe Bosch-Stiftung und Literarisches Kolloquium Berlin bei C.D.Florescu).

Seit Sommer 2009 – also im Vorfeld der Nobelpreisvergabe – gibt es in deutschen Medien nur noch Lügen über Herta Müller. Ob sie sie selbst verbreitet, oder ob das die Medien aus Unwissenheit tun, kann ich nicht feststellen. Ich kann nur die Falschmeldungen herausfiltern, weil ich auch im Banat geboren wurde, die Tatsachen dort erlebt habe, aber sie nicht mit einer roten Brille – wie Herta Müller - gesehen habe. Und deren gibt es eine ganze Menge. Man könnte mehrere Bücher damit füllen – was Carl Gibson, ein ehemaliger Inhaftierter der Ceausescu-Diktatur – auch schon gemacht hat. **Aber ein Verfolgter der Ceausescu-Diktatur darf im heutigen Deutschland seine Meinung nicht mehr äußern, denn er widerspricht dem Geist des modernen Qualitätsjournalismus,** er entlarvt die verbohrten Ziele der „linksterroristischen Geister" im Lande, daher muss er mundtot gemacht werden. Von Medien und Professoren-Doktoren, die auch nicht besser sind und gebetsmühlenartig alles, was in den Medien steht, wiederholen, ist auch nicht mehr zu erwarten. Mir hat ein Doktorand eröffnet, dass man ihn gewarnt hat, bloß nichts Negatives über Herta Müller zu schreiben, denn sonst ist sein Doktortitel „ade"!

Mein Thema/MOTTO: "Wird die Lüge, die oft genug wiederholt wird, zur Wahrheit?"

Das kann nicht jeder verstehen, der in Deutschland aufgewachsen ist, und nie das "Glück" hatte, eine kommunistischen Diktatur wie jene in Rumänien oder in der ehemaligen DDR zu erleben. [...]

Wer auch immer die Infos verbreitet, seit 1984 gibt es eine Leuchtspur von Lügen, die in den Medien in Deutschland verbreitet werden. Manchmal ist die Phantasie der "Produzenten" grenzenlos. Ich finde allerdings, dass das Buch von Herta Müller "Mein Vaterland war ein Apfelkern" die Spitze dieser Lügengeschichten darstellt. Wie es um diese Lügengeschichten bestellt ist, finden Sie in meinen kommentierten Veröffentlichungen im Anhang [...]

Zitate: „Hätten Sie und andere Experten für Literatur nicht so lange tatenlos zugesehen, wie wortgewordener Bockmist hier schon jahrelang als Feingebäck verkauft wird, so müssten wir Lieschen Müller hier und heute nicht als Lichtgestalt ertragen, als die sie in der Literaturszene nun schon länger herumgereicht wird." [...]

Und über „Niederungen": „Die habe auch ich gelesen. Sie meinen doch sicher jene frühen Texte, die sozusagen aus der Dackelperspektive geschrieben sind, aus der Sicht des kleinen Mädchens, das sich am Knie des Vaters festhält. Da hatte man in der Tat den Eindruck, hier würde quasi auf Millimeterpapier in nicht ungeglückter Weise etwas eindrücklich Erfahrenes geschildert. Die Katastrophe begann erst, als Lieschen Müller sich anschickte, das Schreibmuster dieser frühen Versuche auf die Erwachsenensphäre zu übertragen."

betr. Herta Müller kommt zum Stuttgarter Gespräch
Was macht das Autoritäre so faszinierend? Die Faszination des Autoritären. Wie genau steht die Literatur zur Wirklichkeit, zur Zeit? Man kann sich sicher sein, dass Herta Müller das klare Wort nicht scheuen wird. Besucher der Veranstaltung werden ausreichend Gelegenheit haben, die Literatur-Nobelpreisträgerin nach ihrer Haltung zu Dichtung und Politik zu befragen.

(**Unsere Frage**: Wie hält sie es mit „Dichtung und Wahrheit"?) Unsere Probleme mit: Müller war in ihrer Jugend gleich mehrfach ausgesetzt:
-als Teil der deutschsprechenden Banater Schwaben,
-als Widerständige im Sozialismus,
-als kritische Stimme in der eigenen kulturellen Volksgruppe. Wieso Volksgruppe?

Mein Schreiben an den Chefredakteur - Joachim Dorfs - der Stuttgarter Zeitung
und an Frau Dr. Maja Sibylle Pflüger, Stellvertretende Bereichsleiterin, Völkerverständigung Europa und seine Nachbarn bei der Robert-Bosch-Stiftung

Sehr geehrte Frau Maja Pflüger,
Sehr geehrter Herr Joachim Dorfs,

zusammen mit einigen Landsleuten verfolge ich seit mehreren Jahren die Umtriebe der freien deutschen Medien im Zusammenhang mit den beiden aus dem (rumänischen) Banat stammenden Schriftstellern Herta (warum nicht Hertha) Müller und C. D. Florescu, welche beide gleichermaßen von der Robert-Bosch-Stiftung schon mit Preisen belegt wurden. Die Robert-Bosch-Stiftung wurde diesbezüglich schon einmal von mir angeschrieben, da hat sich aber keiner eingefunden, der bereit war, eine Antwort zu geben. Wahrscheinleich aus Unwissenheit zum behandelten Thema.

Es ist beschämend, dass man in der deutschen Öffentlichkeit heute nicht mehr weiß, was in der Zeit des „eisernen Vorhangs" in den osteuropäischen Ländern los war. Daher ist es auch nicht verwunderlich, dass zwei Schriftsteller daherkommen und die deutschen Medien seit (etwa) 30 Jahren belügen können. Sie „beackern" sozusagen „dasselbe Thema", laut einer Aussage von C.D. Florescu in einer rumänien-deutschen Publikation (ADZ): „Die Verunglimpfung und Diskriminierung – ja sogar übelste rassistische Volksverhetzung - einer ehemaligen unterdrückten deutschen Minderheit aus dem kommunistischen Rumänien". Und die deutschen Medien stehen daneben, applaudieren und vergeben Preise und übersetzen den „preisgekrönten Schund" sogar in Fremdsprachen (siehe Bosch-Stiftung und Literarisches Kolloquium Berlin bei C.D.Florescu).

Zuerst möchte ich etwas weiter ausholen. In den 30er und 40er Jahren waren die Nazis an der Macht. Gab es da freie Medien? Gab es da Meinungsfreiheit? Was aus den „Umtrieben" der „Volksindoktrination" geworden ist, müssten heute alle wissen. (Leider ist dem nicht so, denn es laufen noch immer – auch 70 Jahre danach – irgendwelche Hohlköpfe herum, die nicht wissen, was los war und versuchen ihre „rechtsterroristischen Ideen" zu verbreiten.) Am Ende war eine Rechtsdiktatur verantwortlich für etwa 50 Millionen Tote. Bei den rechten Gesinnungsgenossen ist es aber nicht geblieben, denn nach dem

Zweiten Weltkrieg kamen überall in Osteuropa kommunistische Diktaturen auf, die diesmal die „linksterroristische
Doktrin" mit aller Gewalt verbreiteten und dafür sorgten, dass
noch einmal (insgesamt) etwa 90 Millionen Tote zu beklagen
waren. (Die Millionen Flüchtlinge, die jedes Mal dort, wo eine
kommunistische Diktatur „exportiert" wurde, aufkamen nicht
mitgezählt.) Müssen wir uns heute fragen, welches war die
bessere Doktrin? Wollen wir wieder so etwas in Deutschland?
In Europas? Oder sonst in der Welt? In Deutschland hat man
aber offensichtlich (auch) schon wieder vergessen, dass der
Kommunismus seit mehr als 30 Jahren (zumindest) aus Europa
verschwunden ist und es gibt keinen Anlass die Kozi-Fans
(Kozis als Gegenteil zu Nazis) – darunter Tschekisten, Maoi-
sten, Marxisten, Leninisten und dergleichen – wieder hoch-
leben zu lassen.

Wer sind die Banater Schwaben? Sind es Schwaben, wie jene
in Württemberg? Sind es Rumänen? (Keineswegs – sie Rumänen zu nennen stellt für sie die übelste Beleidigung dar!) Oder
Zigeuner? Eine Kurzgeschichte – die man leider in Deutschland nicht kennt (auch in den Lehrerfortbildungsanstalten oder
Universitäten nicht), denn sonst müsste ich Ihnen diesen Brief
nicht schreiben. Die Osmanen standen 1683 vor Wien. Eine
Allianz aus Österreichern, Polen, Ungarn und anderen (z.B.
Prinz Eugen von Savoyen) haben sie wieder zurückgedrängt.
1712 waren die Osmanen aus West- und Mitteleuropa
verschwunden, sie besetzten bis 1878 noch die rumänischen
Länder (Moldau und Walachei) und etwas länger noch Bul-
garien. Nach 1712 begann die österreichische Monarchie das
nach den Kriegen doch sehr dünn besiedelte Gebiet entlang der
Donau – dort wo sie nach Süden fließt - wieder zu besiedeln,
wobei sie Handwerker und Bauern aus den deutschen Gebieten
(quasi als Schutzschild) den Umzug erleichterte. Weil die
Meisten sich in Ulm einschifften wurden diese später „Donau-

schwaben" und ein Teil davon „Banater Schwaben" genannt. Die Vorfahren der Banater Schwaben sind also: Elsässer, Lothringer, Luxemburger, Pfälzer, Badener, Württemberger, Bayern, usw. (Hier kann man noch den Fall der „Salpeterer" anführen, die von der österreichischen Monarchie als „Verbrecher" angesehen wurden, die auch in diese Regionen nach Südungarn verbannt wurden. So kann man das Gerücht, dass die Umsiedler Verbrecher – was in der Literatur missbraucht wurde - gewesen wären, widerlegen.) Einige Banater Schwaben kamen also auch aus dem Schwarzwald ins Banat – und die haben es in Herta Müllers „Niederungen" schon 1982 angetan. Das müssen wohl schon damals – im 18.Jhd. - Nazis gewesen sein! In der Banater Ebene entstanden damals blühende Dörfer, die in der Hauptsache von „Deutschen" – oder das, was aus der Verschmelzung der Ansiedler geworden ist – bewohnt wurden, so dass man noch 1945 diese fast intakten Strukturen, die es zu zerstören galt, vorgefunden hat. Für Herta Müller waren diese Bewohner Nazis und „Ethnozentriker"! Und für C.D.Florescu waren es Mörder, Brandstifter, Zigeunerjäger, Zigeunerhenker, Frontenwechsler, Vergewaltiger, Geiselnehmer. (Sind das Beschreibungen von Nazis?) Hat er etwas vergessen? Haben die Bosch-Stiftung und das Literarische Kolloquium Berlin das nicht bemerkt? Haben sie das nicht gelesen? Wie konnte man das unbemerkt in etliche Sprachen übersetzen?

Nach dem Ersten Weltkrieg wurden die Banater Dörfer an Jugoslawien, Ungarn und der größte Teil an Rumänien (das 1916 auf der richtigen Seite der Sieger in den Krieg eingetreten war) verteilt. Ungarn verlor mehr als die Hälfte seines Gebietes. Die (rumänischen) Banater Dörfer wurden nach und nach von rumänischen Kolonisten belagert. Das kam den Dorfbewohnern nicht gut und als Hitler mit dem Antonescu-Rumänien noch einen Packt schloss, waren (fast) alle begeistert. Viele machten mit, weil sie Angst haben mussten, dass man ihnen die Scheiben einschlagen oder viel mehr antun würde. Man kann heute mit an 100% angrenzender Wahrscheinlichkeit sagen, dass kein einziger Banater Schwabe Hitler gewählt hat. Alle waren nur Mitläufer! Dass Herta Müllers Vater ein „besonderer" Nazi war und dass es solche noch mehr gab, will ich nicht bestreiten, aber dass sie daherkommen kann und nach dem Krieg ALLE Banater Schwaben und ihre Nachkommen – also allgemein und kollektiv, genau so wie die rumänischen Kommunisten - zu Nazis und Ethnozentrikern machen kann, ist eine bodenlose Gemeinheit und Unverschämtheit, zumal sie ja das genau unter der „Sorte" Menschen im Westen verbreitet hat, die ich vorher „linksterroristische Verbrecherorganisation" genannt habe. Warum hier die Konrad-Adenauer- und Robert-Bosch-Stiftung nicht draufgekommen sind, ist mir ein Rätsel. Herta Müller hat für „Niederungen" zwei Preise (1982/1983) von den rumänischen Kommunisten für kommunistische Ethik und drei Preise von Westdeutschen Organisationen (ab 1984) erhalten. Gleichzeitig begann sie die deutsche Öffentlichkeit regelmäßig zu belügen. Offensichtlich ist das für „unsere moderne" Gesellschaft kein Vergehen mehr – das ist Normalität – und wer die Wahrheit verlangt, der ist ein Nazi! Und schon zählt nur noch Dichtung...

Seit Sommer 2009 – also im Vorfeld der Nobelpreisvergabe – gibt es in deutschen Medien nur noch Lügen über Herta Müller. Ob sie sie selbst verbreitet, oder ob das die Medien aus Unwissenheit tun, kann ich nicht feststellen. Ich kann nur die Falschmeldungen herausfiltern, weil ich auch im Banat geboren wurde, die Tatsachen dort erlebt habe, aber sie nicht mit einer roten Brille – wie Herta Müller - gesehen habe. Und deren gibt es eine ganze Menge. Man könnte mehrere Bücher damit füllen – was Carl Gibson, ein ehemaliger Inhaftierter der Ceausescu-Diktatur – auch schon gemacht hat. Aber ein

Verfolgter der Ceauşescu-Diktatur darf im heutigen Deutschland seine Meinung nicht mehr äußern, denn er widerspricht dem Geist des modernen Qualitätsjournalismus, er entlarvt die verbohrten Ziele der „linksterroristischen Geister" im Lande, daher muss er mundtot gemacht werden. Von Medien und Professoren-Doktoren, die auch nicht besser sind und gebetsmühlenartig alles, was in den Medien steht, wiederholen, ist auch nicht mehr zu erwarten. Mir hat ein Doktorand eröffnet, dass man ihn gewarnt hat, bloß nichts Negatives über Herta Müller zu schreiben, denn sonst ist sein Doktortitel „ade"!

Wie genau steht die Literatur zur Wirklichkeit, zur Zeit? (Unsere Frage: Wie hält sie es mit „Dichtung und Wahrheit"?)
Unsere Probleme mit: Müller war in ihrer Jugend gleich mehrfach ausgesetzt:
-als Teil der deutschsprechenden Banater Schwaben, (Banater Schwaben JA, Herta Müller NEIN)
-als Widerständige im Sozialismus, (FALSCH!)
-als kritische Stimme in der eigenen kulturellen Volksgruppe. (VOLKSVERHETZUNG!)

Ich habe zum Unterschied von Herta Müller auch „etwas" Naturwissenschaftliches studiert. Beinahe zur gleichen Zeit, habe dasselbe Gymnasium wie Herta Müller besucht, auch dieselbe Universität, aber eine andere Fakultät- und das fünf Jahre lang (ohne zu wiederholen, oder das Studienfach zu wechseln, das konnte ich meinen Eltern, die alles finanziert haben – diese fleißigen „Nazis" – nicht antun! Anmerkung für Herta Müller und den 68ern!) Wir haben in deutscher und rumänischer Literatur auch über die „Sozialistische Umgestaltung der Landwirtschaft" gelernt, und dass die Literatur die „Wirklichkeit" widerspiegeln soll(te), jedoch habe ich bald bemerkt, dass es da einen großen Widerspruch gibt, und dass der Kommunismus nur eine Doktrin ist, von welcher wir abhängig gemacht werden sollten. Die Wahrheit war eigentlich die, dass wir dem „Lehrer" über die „Sozialistische Umgestaltung der Landwirtschaft" berichten sollten, während gleichzeitig unsere Eltern und Großeltern von den kommunistischen Machthabern enteignet wurden. Hat jemand jemals Enteignung hier erlebt? (Haus, Hof, Feld und Garten – alles gehörte von einem auf den anderen Tag den „unglücklichen, von uns ausgebeuteten" Kommunisten, die das, was noch funktionsfähig war, auch noch kaputtgemacht haben – aber das darf man ja heute nicht mehr sagen, denn sonst beleidigt man die „linksterroristischen Hohlgeister" im Lande? Oder?...) Herta Müller hat Literatur studiert und ist daher schon der kommunistischen Doktrin verfallen, ob es ihr bewusst war oder nicht. Auf jeden Fall hat sie 1982 in „Niederungen" der rumänischen kommunistischen Partei direkt in die Hände gespielt und genau das behauptet, was diese Partei auch über ihre Landsleute, den Banater Schwaben, die alle kollektiv als Nazis gehalten wurden, behauptet. Hat sie das eigentlich nicht gewusst? Wie weit liegen bei ihr Dichtung und Wahrheit auseinander? Warum waren ALLE Banater Schwaben im Lande des „glücklichen Kommunismus" eingesperrt, nur sie durfte mehrere Male das „westliche" Ausland besuchen, um ihr „Schundwerk" – die Diskriminierung und Volksverhetzung ihrer Landsleute in fiktionaler Manie – literarisch bekannt zu machen. Seither gelten ALLE Banater Schwaben als Nazis und Ethnozentriker!

Nachdem Herta Müller in der „Zeit" im Sommer des Jahres 2009 den Bericht „Die Securitate ist immer noch im Dienst" veröffentlicht hat, gibt es regelmäßig Falschberichte in den deutschen Medien und daraus ergeben sich eine Menge Fragen, die von ihr noch nicht beantwortet wurden.

Fragen an Herta Müller

Carl Gibsons bis heute unbeantwortete Fragen dazu: Wie kam es, dass die Rumänen Ihnen die „Akte" bei der CNSAS diesmal aushändigten, obwohl Ihnen das jahrelang verweigert wurde?

Woher wissen Sie, dass die zweite Akte, die Sie als Kollaborateur der Securitate ausweist, ein Machwerk der alten Securitate ist, eine Fabrikation zur Desinformation, zur Diversion?Wer sagte Ihnen das? Und wer lieferte den Beweis der „Fälschung"?

Was, außer Ihrem subjektiven Aussagen dazu, können wir im Westen überprüfen? Seit wann werden Sie mit den Auswirkungen der „Attrappe" hier im Westen konfrontiert? Kann es sein, dass der BND als erster darauf reinfiel – und Sie und Ihren ehemaligen Gatten Richard Wagner deshalb 5 Tage lang befragte – gegen die Regel? Oder war Richard Wagner verdächtig, weil er wie Sie auch – ein privilegierter Westreisender war (noch 1985, als das Land am Boden lag!) – und langjähriges Mitglied der RKP (1972-1985?)? Und was ist mit „Cristina", die angeblich ein „Staatsfeind" gewesen sein soll? Waren Sie ein „Staatsfeind", Frau Herta Müller? Wirklich? Was haben Sie überhaupt mit „Dissidenz" zu tun? Zur Dissidentin wurden Sie und Richard Wagner nach 1987 hier in der BRD vom „SPIEGEL" gemacht, inszeniert! In Rumänien Ceausescus saßen sie im Schoß der einzigen Partei im Land Und ließen sich fördern, ihr Büchlein drucken und prämieren, während die eigentlichen Dissidenten in den Gefängnissen saßen oder schon umgebracht worden waren. Als ich 1981 Ceausescu verklagte und der Terrorist Carlos beim Radiosender RFE seine 1.000.000-Dollar-Bombe hochgehen ließ, hetzten sie gegen unsere Landsleute im Banat in dem Pamphlet „Niederungen" (kurz vor der Edition), während ich (der Kronzeuge der Klage gegen Ceausescu) die wahren Morddrohungen erhielt.

Dann kamen Sie in den Westen und berichteten zusammen mit Richard Wagner im „Spiegel-Gespräch" frech und ungeniert , in Rumänien hätte es keine Opposition gegeben. Sie verleugneten uns damit, die Dissidenten aus der Zelle – und die Opfer des totalitären Systems, gegen das Sie – von Anfang an! – geschrieben haben wollen. Wo waren Sie, als der Menschenrechtskampf nach der KSZE-Konferenz tobte? Wo waren Sie, genau vor 30 Jahren als in Temeschburg die Regionalorganisation der SLOMR (Freie Gewerkschaft rumänischer Arbeiter) fast zwei Jahre vor Solidarnosc gegründet wurde? Wir wurden verhaftet, verurteilt, ins Gefängnis geworfen? (Dokumentation im Internet – auch die UNO-Klage) Wo waren Sie damals? Im Jahr 2006 fragte ich Sie, wann ihre angebliche Opposition begonnen hat. Weshalb verschweigen sie uns das Datum?

Alle wirklichen Dissidenten während der Ceausescu-Diktatur wurden verfolgt, verhaftet, verurteilt? Was haben Sie oder Richard Wagner Regimekritisches getan und wann? Und weshalb wurden sie nicht echt verfolgt? 1979 wurden per Dekret 153 in wenigen Tagen 50.000 Menschen, so genannte „Parasiten" verhaftet und in Gefängnisse geworfen. Weshalb waren Sie nicht dabei? **Wo arbeiteten Sie damals – und wie lange? Weshalb kann niemand Ihre angebliche Opposition bestätigen?**

Mein engster Streitgefährte bei SLOMR wagt seit 30 Jahren keine Rückkehr nach Rumänien, ich auch nicht, weil Rechtsunsicherheit besteht – Sie waren oft nach der Revolution in Rumänien! Wie kommt das, wo Sie doch gerade vor einem Jahr noch dort verfolgt wurden? Hatten Sie keine Bedenken, die KAS dorthin zu begleiten und dort zu lesen, wo doch die alte Securitate angeblich hinter Ihnen und Richard Wagner her ist? Immer noch? Kein Opfer kehrt freiwillig an seine Folterstätte zurück – Sie aber doch? Früher reisten Sie mit der Gnade der Kommunistischen Partei in den Westen, während

Ihre Landsleute an der grünen Grenze totgeschlagen wurden. Jetzt reisen Sie mit Vergnügen nach Rumänien, um dort über Ihre Verfolgung zu lesen und zu berichten? Wer hat Sie wann verfolgt? Wer hat Sie verhört? Wann und wie lange? Und was wollte der BND (oder war es der Bundes-Verfassungsschutz?) in fünftägiger Befragung von Ihnen wissen?

Veröffentlichungen aus der Zeit, als Herta Müller und ihr zweiter Ex (angeblich) verfolgt wurden.

Herta Müller in der Neuen Literatur (NL) 1980-1987/1989 (Widerlegt wird hiermit ihre Aussage, dass sie 1982 vier Jahre lang auf die Veröffentlichung der „Niederungen" hatte warten müssen (die Textfragmente wurden schon lange vorher in der NL gesammelt und veröffentlicht) und nach dem Veröffentlichen hatte sie Publikationsverbot - ganz im Gegenteil - sie hat nach 1982 munter und froh (manchmal auch auf Seite 3, wo sonst der Conducător veröffentlicht wurde) in der NL veröffentlicht - sogar 1989, als sie schon länger als 2 Jahre lang Bundesbürgerin war.) (Beweise wurden hier angeführt, siehe weiter oben!)

Bemerkung:
Hier finden Sie eine Übersicht (in jeweils einer Kurzfassung) aller mit Fehlern behafteten Medienbeiträgen mit kurzen Kommentaren. Jedoch in den Links (hier) finden Sie die kompletten Beschreibungen und erklärenden Hinweise.

Links (im Internet):
1.)http://www.franz-balzer.de/HM-an-Prof-Wert-Tuebingen-A4.pdf Oktober 2015 / betr. Lügen in den Medien
2.) http://www.franz-balzer.de/HM-ZKM-FLYER-2.pdf
Februar 2016 betr: weltweiter Kampf für Meinungsfreiheit

3.)http://www.franz-balzer.de/HM-in-Speyer-E-Mail-an-Organisatoren-April-2017.pdf betr. Lügen in den Medien

4.)http://www.franz-balzer.de/HM-SPRACHMAGIERIN-Jena-Ehrendoktorwuerde.pdf Juni 2017/ betr. Lügen über Herta Müller

5.) http://www.triebswetter.de/roman-hm.htm
Zusammenfassung aller Kommentare zu veröffentlichten Falschmeldungen über Herta Müller in den deutschen Medien.

(Dieser Teil hier wurde schon weiter oben behandelt, aber der Text wurde an die Veranstalter des Stuttgarter Gesprächs geschickt! Reaktion bis heute: KEINE!)
Sammlung von Presse- und Medien-Falschmeldungen (Umgangssprachlich Lügen) betr. Herta Müller (teilweise kommentiert) Wird eine Lüge, die oft genug wiederholt wird, zur Wahrheit?

2009. „Die Zeit". „Die Securitate ist immer noch im Dienst" von Herta Müller
Im Vorfeld der Nobelpreisvergabe an Herta Müller erschien ein von ihr verfasster Bericht (Artikel/Essay) in „Die Zeit".
Darin beschreibt sie, dass sie von zwei Securisten am Bahnhof Poiana Brașov in den Dreck gestoßen wurde, und dass sie denen gegenüber „ohne Haftbefehl gehe ich nicht mit" gesagt haben soll. Aber den Bahnhof Poiana Brașov gibt es gar nicht, dann gibt es das „Securitate-Folter-Martyrium", welches sonst noch in dem Bericht beschrieben wurde auch nicht, und die Dissidentin Herta Müller gibt es auch nicht.
Carl Gibson hat darüber mehrere Bücher geschrieben, davon will ich eins angeben: „Ohne Haftbefehl gehe ich nicht mit".
Carl Gibson hatte etliche Fragen an Herta Müller (wegen ihres Securitate-Folter-Martyriums), die bis heute (8 Jahre später) noch immer nicht beantwortet sind. Dafür wurde er aber als Kommentator bei „Der Zeit" gesperrt, weil er sich (angeblich)

nicht an die „Nettiquette" gehalten hat. Seither hat er (und noch andere Banater Schwaben) Publikationsverbot in Deutschland! „Wie gut dass niemand weiß, dass ich Herta Müller heiß..."

Literaturpreis der Stadt Solingen „**Die schärfste Klinge**" 2014 „Der Menschenwürde eine Stimme geben."
... mit dem Preis "eine Schriftstellerin würdigen, die nach eigener Erfahrung in bewegender Prosa mit eindringlicher Sprachmacht verdeutlicht hat; welche Verletzungen Menschen erleiden, die einem diktatorischen Regime ausgesetzt sind"
Wie ist es um die Menschenwürde ihrer Landsleute – den Banater Schwaben - welche sie in „Niederungen" auf das Äußerste besudelt, bestellt; und dafür mehrere Preise von den Altkommunisten (als Privilegierte) Rumäniens und westdeutschen Medien bekommt?
„Gegen Angriffe kann man sich wehren, gegen Verleumdung ist man machtlos."
Welche Möglichkeiten hatten ihre in „Niederungen" 1982 entwürdigten und verleumdeten Landsleute, die in den 70er- und 80er-Jahren die Freiheit suchten, wobei sie gleichzeitig mit ihrer „schmutzigen Prosa" konfrontiert wurden? Wo ist deren Menschenwürde geblieben? Wo bleibt deren Recht auf freie Meinungsäußerung?

Writers for Freedom / „Der weltweite Kampf um die freie Meinungsäußerung"
Herta Müller produziert sich beim ZKM vor der Öffentlichkeit als „Writers for Freedom" Freiheits-Schreiber – **Karlsruhe 2016.**
Warum wird bei uns die freie Meinungsäußerung nach dem Beispiel wohl der Nazidiktatur als auch der ehemaligen osteuropäischen kommunistischen Diktaturen unterdrückt und verhindert? Warum dürfen die ehemaligen Inhaftierten der Ceaușescu-Diktatur in der heutigen, freien, deutschen Presse

ihre Meinung nicht äußern, wenngleich die Meinungen von Scheindissidenten, ehemalige Privilegierte einer menschenunwürdigen kommunistischen Diktatur – wie Herta Müller und Cătălin Dorian Florescu – gleichzeitig verbreitet werden? Haben Banater Schwaben – heute Bundesbürger – kein Recht auf freie Meinungsäußerung?

HAV: Hamburger Autorenvereinigung / Hannelore-Greve-**Literaturpreis 2014**
Herta Müller ... zeige uns bis heute, "dass es immer Literaten gibt, die ihre Stimme für Freiheit und Grundrechte erheben. "Die Auszeichnung trifft auf eine Schriftstellerin, die zeitlebens eine mutige Stimme gegen die kommunistische Diktatur in ihrem Geburtsland Rumänien war." HM ist auch heute ein Vorbild, "wenn sich vor unserer Haustür Zustände auftürmen, welche die sicher geglaubten Errungenschaften unserer Zivilisation bedrohen."

Mein nichtveröffentlichter Kommentar auf der HAV-Seite: Herta Müller hatte eine "mutige Stimme gegen die kommunistische Diktatur in Rumänien". Ich (Banater Schwabe) weiß, dass sie 1982 für ihren Schmutzroman „Niederungen" über Banater Schwaben einen PREIS von DIESER Diktatur erhalten hat. Und das Zitat: "ihre Stimme für Freiheit und Grundrechte erheben", klingt wie Hohn und Spott in meinen Ohren, wenn NIE ein Kritiker IHRER WERKE gehört oder gedruckt wurde. Und nicht zuletzt: "wenn sich vor unserer Haustür Zustände auftürmen, welche die sicher geglaubten Errungenschaften unserer Zivilisation bedrohen" dann sehe ich DIESE PREIS-VERGABE als einen Teil einer solchen Bedrohung!!! Kritiker müssen schweigen! Hoch lebe Lug, Betrug und Heuchelei! Und vor der Nobelpreisvergabe an Herta Müller wurde auch KEIN EINZIGER KRITIKER GEHÖRT! Und so passt dann der Satz ganz genau: "wenn sich vor unserer Haustür Zustände auftürmen, welche die sicher geglaubten Errungenschaften unserer Zivilisation bedrohen." („Zeitlebens" steht bei Herta Müller für die Zeit nach 1987 – nach ihrer Umsiedlung in die B.R.Deutschland! Davor war sie Privilegierte des kommunistischen Systems, ihr Ehemann Richard Wagner sogar Mitglied der RKP – Rumänischen Kommunistischen Partei.)

Wowereit versagt Herta Müller die Ehrenbürgerwürde von Berlin
Kommentar von Peter Hahne in der BamS (27.07.2014) (Bild am Sonntag)
Zitat: „Beim Streit um die Ehrenbürgerwürde für Herta Müller ist Berlin wieder dabei sich lächerlich zu machen... Bis heute schreibt sie gegen die Schreckensherrschaften kommunistischer Diktaturen an, die sie selbst erlebt hat. Im Kampf um die Rechte der Siebenbürger wurde sie vom rumänischen Ceausescu-Regime gedemütigt und eingesperrt."
Meine nichtveröffentlichte Antwort: „Herta Müller ist und war weder eine Bürgerrechtlerin, noch schrieb sie immer gegen kommunistische Diktaturen an, noch kämpfte sie um die Rechte der Siebenbürger (sie ist eine Banaterin), noch war sie im kommunistischen Regime Rumäniens eingesperrt. Ganz im Gegenteil, sie bekam für ihr Hass- und Schmutzwerk „Niederungen" (in welchem sie ihre eigenen Landsleute - die Banater Schwaben - auf das Äußerste verleumdet und erniedrigt) sogar einen Preis vom Zentralkomitee der Rumänischen Kommunistischen Jugend und durfte, was andere nicht durften, während des „geschlossenen. eisernen Vorhangs" mehrmals ins Ausland (nach Deutschland), um ihr Werk vorzustellen."

An die Referenten „**Gegenwartsliteratur denken**":
betr.: Pressefreiheit, Meinungsfreiheit, Forschungsfreiheit und Künstlerfreiheit trotz Volksverhetzung

hier: Öffentlicher Brief an die Referenten der Tagung „Herta Müller – Gegenwartsliteratur denken" im Kloster Bronnbach, Februar 2015.

Herta Müller war nie eine Bürgerrechtlerin, nie eine Dissidentin, sie war keine Siebenbürgerin, sondern eine Banaterin, schrieb eher FÜR die kommunistischen Machthaber (oder in deren Auftrag, Ausnahme "Atemschaukel", das war aber 2009, da war sie auch schon längst in Deutschland – seit 1987 - obwohl sie gar nicht ausreisen wollte, sie hat es sogar veranlasst, sich von ihrem ersten Mann zu trennen, als der die Ausreisepapiere erhielt) und vor allem war sie NIE eingesperrt und wurde auch nie von der Securitate verhaftet, wie in dem Bericht in der Zeit-Online (2009): "Die Securitate ist immer noch im Dienst". Diesen Bericht sehe ich eher noch als Drohung all jener gegenüber an, die ihre Werke kritisieren. Denn wenn Banater Schwaben das Wort "Securitate" hören/lesen/sehen, dann verstummen und verkriechen sie sich sofort: Und das mehr als 20 Jahre nach dem Fall Ceaușescus. (Was doch eine „richtige Erziehung" alles bewirken kann!) Und gedemütigt wurden eher die Banater Schwaben durch ihr Werk „Niederungen", die sich gegen diese Infamie nicht wehren dürfen.

Literaturpreisvergabe an Herta Müller (**Heinrich-Böll-Preis der Stadt Köln**). Schreiben an den OB der Stadt Köln und gleichgeschaltete Medien (2016)
betr.: Preisverleihungen für Volksverhetzung von Minderheiten in der „neuen deutschen" Literatur? Warum wird die Literatur ehemaliger Privilegierter aus dem Altkommunistischen Fan-Block, die die Opfer ehemaliger Ostdiktaturen verhöhnen und verspotten, heute mit Preisen belegt? Warum danken bei uns Bundespräsidenten ab, warum werden andere wieder „abgesägt", warum müssen manche Doktoren ihren Titel „zurück-

geben" und warum bekommen Privilegierte menschenunwürdiger Regimes bei „UNS" trotzdem Literaturpreise?

Verwendete Falschmeldungen in den Medien (Einige Highlights aus den Lobgesängen):
„Die Jury lobte die ‚schonungslosen Schilderungen' ihrer
rumänischen Heimat"
„Nach Schreib- und Publikationsverbot <u>floh</u> sie 1987 vor der
Ceauşescu-Diktatur nach Deutschland."
(Warum ist sie denn immer wieder in das Land ihrer Verfolger
und Peiniger zurückgekehrt? Warum hat sie es veranlasst, sich
von ihrem ersten Mann zu trennen, um in Rumänien bei ihren
Peinigern zu bleiben, nachdem dieser zusammen mit ihr den
endgültigen Reisepass für Deutschland – 1979 - erhalten hat-
te?)
Kommunistische Diktatur als Lebensthema: „Ich habe mir das
Thema nicht ausgesucht, sondern musste damit fertig werden".
Das Werk „Atemschaukel" ist zum Großteil Oskar Pastiors
Werk, er erzählte und sie schrieb – nach ihren eigenen Angaben – ganze Hefte voll.
„Doch selbst in der Bundesrepublik wurde sie noch eine Weile
von den Agenten der Securitate, des Geheimdienstes des Ceau-
şescu-Regimes, mit Todesdrohungen verfolgt." (Das waren
wahrscheinlich wegen der „Niederungen" aufgebrachte Banater
Schwaben!)

Hölderlin-Preis-Verleihung an Herta Müller durch die Uni
und Stadt Tübingen / Schreiben an die Stadt Tübingen und an
Herrn Prof. Jürgen Wertheimer und gleichgeschaltete Medien
(2016)
Zitat: „Als Angehörige einer deutschen Minderheit in Rumänien aufgewachsen, thematisiert Herta Müller in ihren Texten
‚Erfahrung von Gewalt, Verlust der Würde und Heimatlosigkeit'... Sie war wiederholt Verleumdungen, Verhören und

Hausdurchsuchungen ausgesetzt. 1987 reiste sie in die Bundesrepublik Deutschland aus... Ihr ‚Gefühl für Fremdheitserfahrungen' gilt als unbestechlich."

Im Hinblick auf die „Niederungen" kann man nur den Verlust der Würde und die Verleumdung, ja sogar Volksverhetzung gegenüber ihrer Landsleute – den Banater Schwaben – anführen. Der Rest ist Selbstinszenierung zur Dissidentin.

Sonst erfährt man dieselben Zitate, die schon vorhin aufgeschrieben wurden. Noch zwei Bemerkungen:

(Welcher „Shitstorm" bricht heute über jemanden zusammen, wenn er etwas Negatives über Flüchtlinge sagt/schreibt - wenn er gerade mal als Rechtsextremist bezeichnet wird, kann er noch froh sein. Und was hat Herta Müller 1982/1984 mit ihren „Niederungen" gemacht? Ist das nicht dasselbe Problem? Nein? Sie darf das, weil sie Schriftstellerin ist und auf die Künstlerfreiheit pochen kann! Die „Niederungen" werden heute noch gedruckt – das Problem ist also nicht verjährt!)

(Und was heißt Diskriminierung? Wenn heute Kritiker protestieren, posten, Rezensionen verfassen oder die Medien anschreiben und Ihre Meinungen – die eigentlich oft nur Fakten sind - werden mit allen Mitteln unterdrückt, nicht veröffentlicht oder die ganz üble Diskriminierung, keine Antwort bekommen! Auch eine Anspielung auf: „Er ist wohl der aus den meisten Blogs Ausgeschlossene." – Hinweis auf Carl Gibson, ein ehemaliger Inhaftierter der kommunistischen Diktatur und Herta-Müller-Kritiker, der heute auch „mundtot" gemacht werden muss!)

Universität Jena verleiht <u>Sprachmagierin</u> Ehrendoktorwürde / Schreiben an Professoren-Doktoren und Medienvertretern (2017)
Meine Bemerkung: Die sprachlichen Erfindungen, die in den (west)deutschen Medien über Herta Müller kursieren, nehmen

langsam „unglaubliche" Züge an. Der Begriff „Sprachma-gierin" stellt dabei ein Novum, ein Unikum, der Gipfel der „literarischen Belobigungen" dar. Wenn Lügen, Betrügen, in die Irre führen eine besondere Fähigkeit mit Sprache umzu-gehen darstellt, dann passt das Wort „Sprachmagierin" hervor-ragend zu allem, was ich in den letzten 6 Jahren über Herta Müller gehört, gelesen und recherchiert habe.

Zweite Bemerkung: Ich kann nach mehreren Jahren Recher-chen sagen, dass so mancher westliche Professor, der Herta Müller (und auch C. D. Florescu) mit Preisen und Belobigun-gen belegt oder regelrecht überhäuft, sein Tun und Handeln überdenken sollte, denn was über die beiden in der deutschen Medienlandschaft veröffentlicht wurde, fast alles falsch ist. Ich will Ihnen einige Zitate aus verschiedenen Publikationen, die heute in dieser Hinsicht so gleichgeschaltet sind, so dass sich Stasi und Securitate die „Finger abschlecken würden", kom-mentieren.

Zitat Thüringer Allgemeine: „Wie unsere Zeitung aus unter-richteten Kreisen erfuhr, haben die Jenaer Rumänisten den maßgeblichen Impuls für diese Auszeichnung gegeben. Denn Müller, 1953 in Nitzkydorf, Siebenbürgen, geboren, gehörte dort der deutschsprachigen Minderheit der Banater Schwaben an; 1987 übersiedelte sie nach massiven Repressionen durch das Ceausescu-Regime in die Bundesrepublik."

Was im zweiten Satz stimmt: 1953, Nitzkydorf, Banater Schwaben, 1987 übersiedelt – ALLES ANDERE ist falsch.

Zitat Thüringer Allgemeine: „Immer wieder finden sich in ihren Werken Sujets aus dem rustikalen familiären Umfeld, der dörflichen Existenz in Siebenbürgen und vor allem von der Unterdrückung unliebsamer Minderheiten in totalitären Struk-turen. Zum Teil verarbeitet sie eigenes Erleben, in Atem-schaukel."

Als Banaterin (Westrumänien) beschreibt sie NIE die Unter-drückung (in „Niederungen" erfahren die Banater Schwaben

gerade mal das Gegenteil) und das familiäre Umfeld in Siebenbürgen (Zentralrumänien) und in „Atemschaukel" verarbeitet
sie auch NICHTS selbst erlebtes, denn die Geschichte gehört
zu Oskar Pastior (Siebenbürger Sachse, er wäre jener, der den
Nobelpreis verdient hätte).
Zitat Thüringer Allgemeine: „Zart-fragile, durchdringende
Stimme der Freiheit. Die ersten literarischen Texte veröffentlichte Müller – wenngleich zensiert – noch in Rumänien. Erst
nach ihrer Ausreise ins deutsche Exil wurde sie einem größeren
Leserkreis namhaft..."
Die „durchdringende Stimme der Freiheit" ist absoluter Humbug! Herta Müller kam nicht ins deutsche Exil, sie ist gänzlich
umgesiedelt, genau so, wie ihre Landsleute, die sie im Sinne
der RKP (Rumänischen Kommunistischen Partei) in ihrem
Erstlingswerk auf das Äußerste VERUNSTALTET. Und wegen der Zensur: Siehe dazu weiter unten: Die Aussage „Das
Werk ‚Niederungen' ..."
Was hat den Banater Schwaben in „Niederungen" nicht gefallen? War es nur die Geschichte mit dem „Schwäbischen Bad"?
Und der Rest der Erniedrigungen? Z.B. wird deren Lebensweise an einem wohl einzigartigen Beispiel im Banat – einer
Familie (vielleicht hat sie aber so ihre eigene Familie erlebt
und das verallgemeinert) die so nie im Banat anzutreffen war -
derart übertrieben, dass eigentlich alle Deutschen Ämter, Verbände und Institutionen auf die Banater Schwaben – während
der Freikaufphase 1969 bis 1989 - als ‚gefährliche Übeltäter'
hätten aufmerksam werden müssen: das Jugendamt wegen
Einprügeln auf Kinder, Frauenorganisationen wegen Diskriminierung und Erniedrigung der Frauen, Tierschutzorganisationen
wegen Tierquälerei (z.B. den Hund mit dem Fuß getreten, bis
er verendete, dem Kalb das Bein abgehackt, damit es notgeschlachtet werden konnte), der Drogenfahndung (weil ‚vermummte' Großmütter Mohnkuchen backten und auserwählte
Banater Krähenmist als Droge nutzen), Polizei wegen gewalt-

tätiger und besoffener Männer und Korruption, usw. Ganz zu schweigen von Fremdgehen, Inzucht und Dergleichen – einen Umstand, den man eher heute findet, damals aber für die katholischen Gläubigen Tabu war.

Herta Müller-Lesung: "**Mein Vaterland war ein Apfelkern**" (2017) Kulturpark AQUA MAGICA Bad Oeynhausen & Löhne, Theater Münster – Großes Haus, in Münster, Deutsches Auswandererhaus, Bremerhaven / Schreiben an Moderatoren und Medien
Mein Thema/MOTTO: "Wird die Lüge, die oft genug wiederholt wird, zur Wahrheit?"
Das kann nicht jeder verstehen, der in Deutschland aufgewachsen ist, und nie das "Glück" hatte, eine kommunistischen Diktatur wie jene in Rumänien oder in der ehemaligen DDR zu erleben. Da bildet Herr Wichner eine Ausnahme - aber er hat offensichtlich nicht alles mitbekommen, was so gelaufen ist (oder will er es nicht mitbekommen haben). So wird es einigen eben auch schwer fallen einzusehen, dass Herta Müller seit über 20 Jahren die Deutsche Öffentlichkeit belügt. (Wer auch immer die Infos verbreitet, seit 1984 gibt es eine Leuchtspur von Lügen, die in den Medien in Deutschland verbreitet werden. Manchmal ist die Phantasie der "Produzenten" grenzenlos.) Ich finde allerdings, dass das Buch von Herta Müller
"Mein Vaterland war ein Apfelkern" die Spitze dieser Lügengeschichten
darstellt. Wie es um diese Lügengeschichten bestellt ist, finden Sie in meinen kommentierten Veröffentlichungen im Anhang (Kurzinfo, siehe weiter oben). Weiter unten finden Sie auch eine Suite von Veröffentlichungen von Herta Müller in Rumänien in der „Neuen Literatur", aus einer Zeit, in welcher sie dort angeblich Publikationsverbot hatte - ja sogar Loblieder

(1989) auf die Ceaușescus noch nach ihrer Ausreise (1987) aus Rumänien.

In ihrem Werk "Cristina und ihre Attrappe" behandelt Herta Müller ihre Securitate-Akte. Alle Personen zu welchen sie Kontakt hatte, haben irgendeinen Makel - nur sie selbst nicht. Die Secu-Akte ist entkernt, enthält nicht das, was sie erwartet hat, ja sie ist sogar von der Securitate gefälscht. Sie legt sich „die Wahrheit" so zurecht, wie es ihr gerade passt. Keiner von unseren recherchierfreudigen Medienexperten kommt auf die Idee, das Ganze einmal zu überprüfen. **Nur was Herta Müller behauptet, zählt, die Meinung** (bzw. das Wissen) **aller anderen wird verschwiegen und vertuscht,** genau so wie im vor 30 Jahren untergegangenen Kommunismus. Das Rad der Geschichte dreht sich eben, oder?... Wieso sind unsere Medien heute besser? Das ist leserverachtende Volksverdummung!

Die Aussage:

„Sie – **Herta Müller** – **wurde verfolgt** und mehrmals verhört". Diese Aussage kann man mehrmals in den Büchern „Mein Vaterland war ein Apfelkern" und „Cristina und ihre Attrappe", sowie in diversen Interviews lesen. In den beiden Büchern findet man keine einzige konkrete Aussage oder irgendeinen Hinweis dazu. Nur ein einziges Mal wäre es um Prostitution und 3 kg Kartoffeln gegangen, die auf dem Schwarzmarkt gekauft wurden. Sonst ist sie schön gekleidet und geschminkt zum Verhör. Man glaubt ihre eigene Behauptung, ohne sie irgendwie überprüfen zu können.

Seite 46 aus "Cristina und ihre Attrappe"
"CRISTINA" este contactata periodic de Lt.col. P. NICOLAE, din cadrul Serv. I/A pentru influentare pozitiva.

"CRISTINA" wird periodisch vom Oberstleutnant P. NICOLAE aus dem Bereich des I/A Dienstes für positive Beeinflussung kontaktiert.
Mein Kommentar: „von wegen Verhöre!... und Publikationsverbot nach 82/84"!

Die Aussage:
„Das Werk ,Niederungen' erschien erst nach vier Jahren und war stark zensiert und danach hatte sie - Herta Müller – Publikationsverbot".
In rumänischen Publikationen (in Deutscher Sprache, „Neue Literatur") kann man genau nachweisen, dass viele Texte, die sich 1982 in „Niederungen" fanden, schon von 1979 bis 1981 vorab publiziert wurden. 1984 erschienen die „Niederungen" im Rotbuch-Verlag in Deutschland und hier fehlten GANZE VIER KAPITEL! Wo wurde jetzt eigentlich zensiert?
In Publikationen der deutschsprachigen Zeitschrift des Rumänischen Schriftstellerverbandes (Neue Literatur) kann man nachlesen, dass Herta Müller und ihr damaliger Gatte – Mitglied der Kommunistischen Partei Rumäniens – nach 1982 MUNTER WEITER PUBLIZIERT haben – und dass während des Publikationsverbotes? Im August 1985 haben Herta Müller zusammen mit ihrem damaligen Mann – Richard Wagner – 30% der Ausgabe dieser Zeitschrift mit Beschlag belegt. (Warum August? Am 23. August feierten die rumänischen Kommunisten den Tag der Befreiung.). Herta Müller hat sogar noch im November 1989 (Ceausescu wurde im Dezember 1989 gestürzt) ein Loblied auf Ceausescu in dieser Zeitschrift veröffentlicht - und da war sie schon länger als 2 Jahre lang Bundesbürgerin.

Zitate aus der „Neuen Literatur", November Nr. 11 1989, Seite 16/17 „Ein großes Haus" von Herta Müller (Herta Müller hat im März 1987 Rumänien endgültig verlassen und

mehr als 2 Jahre später – November 1989 – dort immer noch veröffentlicht!!!)
„Die Putzfrau schüttelt den Staublappen durchs Fenster. Die Akazie ist gelb. Der alte Mann kehrt wie jeden Morgen den Gehsteig vor seinem Haus. Die Akazie bläst ihre Blätter in den Wind. Die Kinder haben ihre Falkenuniformen an. Gelbe Blusen und dunkelblaue Hosen und Faltenrocke. „Heute ist Mittwoch", denkt Amalie. „Heute ist Falkentag." Die Bausteine klappern. Die Kräne summen. Indianer marschieren in Kolonnen vor den kleinen Händen. Udo baut eine Fabrik. Die Puppen trinken Milch aus den Fingern der Mädchen. Anca hat eine heiße Stirn. Durch die Decke der Klasse klingt die Hymne. Auf dem Stockwerk darüber singt die große Gruppe. Die Bausteine liegen aufeinarider. Die Kräne schweigen. Die Indianerkolonne steht am Rand des Tisches. Die Fabrik hat kein Dach. Die Puppe mit dem langen Seidenkleid liegt auf dem Stuhl. Sie schläft. Sie hat ein rosiges Gesicht."
„In unseren Häusern wohnen unser Vater und unsere Mutter. Sie sind unsere Eltern. Jedes Kind hat seine Eltern. So wie unser Vater in unserem Haus, in dem wir wohnen, der Vater ist, ist Genosse Nicolae Ceauşescu der Vater unseres Landes. Und so wie unsere Mutter im Haus, in dem wir wohnen, unsere Mutter ist, ist Genossin Elena Ceauşescu die Mutter unseres Landes. Genosse Nicolae Ceauşescu ist der Vater aller Kinder. Und Genossin Elena Ceauşescu ist die Mutter aller Kinder. Alle Kinder lieben den Genossen und die Genossin, weil sie ihre Eltern sind."

MASSON-ROSENOW - LITERARISCHES-DUETT / Über den sich ausbreitenden Agrammatismus / Zitate.
„Hätten Sie und andere Experten für Literatur nicht so lange tatenlos zugesehen, wie wortgewordener Bockmist hier schon jahrelang als Feingebäck verkauft wird, so müssten wir Lieschen Müller hier und heute nicht als Lichtgestalt ertragen,

als die sie in der Literaturszene nun schon länger herumgereicht wird. Ein Wort von Ihnen, zur rechten Zeit ausgesprochen, hätte den Siegeszug dieser agrammatischen Sprachakrobatin stoppen können. Dieses Wort jedoch ist meines Wissens niemals gefallen."

Und über „Niederungen": „Die habe auch ich gelesen. Sie meinen doch sicher jene frühen Texte, die sozusagen aus der Dackelperspektive geschrieben sind, aus der Sicht des kleinen Mädchens, das sich am Knie des Vaters festhält. Da hatte man in der Tat den Eindruck, hier würde quasi auf Millimeterpapier in nicht ungeglückter Weise etwas eindrücklich Erfahrenes geschildert. Die Katastrophe begann erst, als Lieschen Müller sich anschickte, das Schreibmuster dieser frühen Versuche auf die Erwachsenensphäre zu übertragen."

Entschuldigen Sie, bitte, dass es so viel geworden ist.
Vielen Dank. Mit freundlichen Grüßen F.B.

betr. Herta Müller kommt zum Stuttgarter Gespräch
Was macht das Autoritäre so faszinierend? Die Faszination des
Autoritären
Wie genau steht die Literatur zur Wirklichkeit, zur Zeit?

Ergänzungen und Klarstellungen zu
„Herta Müller und die Banater Schwaben"

Sehr geehrte Frau Maja Pflüger,
Sehr geehrter Herr Joachim Dorfs,

leider muss ich mich bei Ihnen noch einmal melden, um einige
Klarstellungen und Präzisierungen vorzutragen, ohne welche
man, falls man einen gewissen Wissenshintergrund nicht hat,
auch gewisse Dinge nicht verstehen kann. Und über die Geschichte, das Wesen und die Identität der Banater Schwaben,
weiß man offensichtlich (fast) nichts in der „freien, westlichen"
Welt – und muss dass glauben, dass von angeblichen
(Schein)Dissidenten lautstark rausgebrüllt wird. Und dann geht
es nach dem Motto: „Wenn der Erste (scheinbar) glaubwürdig
lügt, dann wird jeder, der nachher die Wahrheit sagt, als Lüg-
ner angesehen!" Oder: „Wer zuerst ruft haltet den Dieb, dem
wird stets geglaubt, der Betrogene hat stets den Nachteil." Oder
besser: „Wer die Wahrheit geigt, dem schlägt man die Fidel auf
den Kopf!"

Unsere Probleme mit: Müller war in ihrer Jugend gleich
mehrfach ausgesetzt:
-als Teil der deutschsprechenden Banater Schwaben,
(Banater Schwaben JA, Herta Müller NEIN)
-als Widerständige im Sozialismus, (FALSCH!)

-als kritische Stimme in der eigenen kulturellen Volksgruppe. (VOLKSVERHETZUNG!)

Die hier angeführten Probleme wurden leider von mir das letzte Mal nicht vollständig bearbeitet. Das will ich jetzt ergänzen bzw. nachholen.

Wie im vorigen Schreiben schon erwähnt, waren die Banater Schwaben (und auch die Siebenbürger Sachsen, die man in den deutschen Medien oft mit den Banatern verwechselt) im Zweiten Weltkrieg Mitläufer mit den Nazis. Das konnte leicht bewältigt werden, da Hitler mit dem rechten Antonescu-Regime einen Packt geschlossen hatte, und die Rumänen Seite an Seite mit den Nazis nach Russland in den Krieg gezogen sind. Es wurde oft erzählt, dass die Banater Schwaben und Siebenbürger Sachsen freiwillig in die deutsche Armee eingetreten sind. Dass es einige gab, ist nicht zu verneinen, mir haben aber Leute erzählt, die damals beim rumänischen Militär waren, dass der „Umzug" aus der rumänischen in die deutsche Kaserne mit aufgepflanzten Bajonetten streng bewacht und behütet wurde. Die Rumänen wechselten im August 1944 die Fronten und die deutschstämmigen aus Rumänien waren plötzlich Feinde, und mussten vor der Roten Armee flüchten. (Wenn nun C.D.Florescu in seinem Roman behauptet, dass die Deutschen die Fronten wechselten, dann ist das pure Lust am Lügen – na ja, künstlerische Freiheit eben? Oder?...)

Für die Rumäniendeutschen begann dann das Martyrium: Enteignung durch die Kommunisten, Verfolgung und Verschleppung von Männern und Frauen (auch von Unschuldigen, die nicht am Krieg beteiligt waren) in die Wiederaufbaulager der Sowjetunion. Man hat meines Erachtens alle Banater Nazis erwischt (die nicht Richtung Deutschland geflüchtet waren) und in die sowjetischen Lager gesteckt, wo sie ihre entsprechende Strafe abgesetzt haben. Als sie zurückkamen durften sie kaum etwas (besser gesagt gar nichts) darüber sprechen. Das war ihre Vergangenheitsbewältigung. Etwas, wie das, was die 68er veranstaltet haben, war da nicht mehr nötig. Und in den Schulen wurde nur noch die kommunistische Doktrin, der glorreiche Sieg über Hitlerdeutschland unterrichtet, so dass, die Nachkommen auch alle „geheilt" waren (zumal sie auch noch alle kollektiv als Nazis gehalten und entsprechend verspottet wurden). Und wenn Herta Müller daherkommt und trotzdem alle als Nazis beschimpft, ist das grober Unfug, denn sie tut das nur aus Hass gegenüber ihrer Landsleute, weil den Banater Schwaben ihre „Niederungen" übel aufgestoßen sind. Einige Jahre nachdem die Russlandheimkehrer wieder Fuß gefasst hatten, wurden halbe Dörfer aus dem Banat, in Güterzüge gepackt (was soll man dazu aber sagen, die Nazis haben es ja auch gemacht) und 600 km landeinwärts nach Osten auf einer Steppe wieder rausgelassen. Dort durften die Banater Schwaben (und es waren nur Banater Schwaben und keine Siebenbürger Sachsen) und einige Regimekritiker sich wieder Lehmhütten bauen, um die kalten Winter zu überleben. (C.D. Florescu – der Sohn eines Securitate-Informanten spottet da nur: „Und wieder errichteten sie ein neues Dorf!" Ein Romankommentator: „Zur falschen Zeit, am falschen Ort – über ihnen nur der Himmel" - eine bodenlose Gemeinheit den Deportierten gegenüber.) In die leer gewordenen Häuser der Deportierten zogen organisiert von den Kommunisten und der Securitate (die Stasi Rumäniens) Kolonisten aus den östlichen Teilen Rumäniens ein, die dafür sorgten, dass die Häuser nach fünf Jahren beinahe wieder neu aufgebaut werden mussten. Herta Müller hat davon nichts mitbekommen, denn Nitzkydorf war nicht davon betroffen. Nach weiteren fünf Jahren konnten die Deportierten wieder zurück, mussten ihre Häuser wieder herrichten und dann kam die Kollektivierung, die wiederum für die Banater Schwaben eine Enteignung war. Was in dieser Zeit kaum jemandem auffiel, war das Netz von Spitzeln, das aufgebaut wurde. Verfolgte gab es kaum, denn die saßen alle im Knast – die konnten nicht frei herumlaufen, wie z.b. Herta Müller. Man wurde - zumindest als Deutscher - beschattet wo man war: „Die Wände hatten Ohren." Redefreiheit, Meinungs-freiheit, Reisefreiheit, Pressefreiheit gab es nur für die Kom-munisten und Securisten und deren Helfershelfer – einem klei-nen Teil der Bevölkerung, den Privilegierten (und dazu gehör-ten sowohl Florescu als auch Herta Müller). Postpakete wurden willkürlich geöffnet – eventuell Artikel, an welchen „man" Gefallen hatte, entwendet (darf man das überhaupt über diese „Saubermänner" sagen/schreiben?) – und Briefe wurden zen-siert. [Das führ ich HIER deswegen an, weil man heute schon erkennen kann, dass z.B. E-Mails (die moderne Art Briefe zu schreiben – und das soll ausgebaut werden) „zensiert" werden – im Klartext willkürlich als Spams gekennzeichnet werden, so dass die Adressaten diese oft nicht lesen können, weil sie in den Spamordner abgelegt und gelöscht werden. Hurra – wir sind schon beinahe so gut wie die Securitate – nur wir tun so, als wüssten wir es noch nicht!]

Unter diesen Umständen begann eine Ausreisewelle, die an-fangs erheblich unterbunden werden sollte, denn der glückliche Aufbau des Sozialismus und Kommunismus sollte ja keinen Schaden durch davor Flüchtende (die als Fahnenflüchtige, Verräter und Verbrecher bezeichnet und auch als solche be-handelt wurden, was auch C.D.Florescu in seinem Roman übernahm) nehmen. Der Grenzschutz funktionierte perfekt – es wurde auch mehrmals von der Schusswaffe Gebrauch gemacht und auf Republikflüchtlinge geschossen. (Das je auf Eindring-linge geschossen wurde, hatte man nie gehört, denn es gab keine, die die Errungenschaften des glücklichen Kommunis-mus stören wollten.) Anfangs mussten die Ausreisewilligen mehrere Jahre (10-20 Jahre waren keine Seltenheit) auf ihre

Ausreisepässe warten. Ausreiseanträge wurden auch mehrmals gestellt, weil man immer wieder abgewiesen wurde. (Die Deutschen, die in Rumänien lebten, sollten schließlich – als Sklaven des Kommunismus – für die Untaten Hitlers bezahlen.)

Muss man sich heute noch wundern, dass unter diesen Umständen die Deutsche Regierung zwischen 1969 und 1989 bereit war, die Sklaven der rumänischen Kommunisten frei zu kaufen? Geschah das nicht in machen Fällen auch mit ehemaligen DDR-Dissidenten? Waren das auch alle Nazis? Für Herta Müller waren alle „Republikflüchtlinge" aus Rumänien, Nazis. Und genau das empfanden die Mitglieder der RKP (Rumänischen Kommunistischen Partei – kurz die Partei genannt) ebenfalls. Der zweite Ex (Richard Wagner) von Herta Müller war auch Mitglied in dieser Partei. Hatte sie vielleicht deswegen Privilegien und gaukelt heute der deutschen Öffentlichkeit vor, sie wäre verfolgt gewesen? (Warum verschweigt sie der deutschen Öffentlichkeit, die Tatsache, dass es zur Trennung von ihrem ersten Mann gekommen ist, und sie in Rumänien bei ihren „angeblichen Verfolgern" geblieben ist, nachdem dieser die Ausreisepapiere erhalten hat?) Richard Wagner gehörte auch zu einem Kreis von Schriftstellern, die sich „Banater Aktionsgruppe" nannten. Carl Gibson behauptet, dass das eine Gruppe ohne Aktion gewesen sei. Und Richard Wagner schreibt in der Banater Post – dem Presseorgan der Banater Schwaben – „Wir waren Kommunisten. Wir waren nicht nur gute Kommunisten, wir waren auch die GEBILDE-TEREN MARXISTEN – eine Provokation für unsere Landsleute." Ja bei diesen Aktionen mussten die Securitate ja Angst haben, dass die „Banater Aktionsgruppe" einen noch besseren Kommunismus erstreben wollte, als den, den sie selbst schon erleben mussten. Diese Aktionsgruppe eiferte den 68ern aus der damaligen Bundesrepublik nach, die auf Vergangenheitsbewältigung pochten. Das wollten die Banater Aktionsgruppe auch, aber die haben offensichtlich nicht mitbekommen, dass ihre Landsleute schon längst für ihre Mitläuferschaft mit Hitler gebüßt hatten (Enteignung, Deportationen, Kollektivierung, Bespitzelung, Einschüchterung, Zensur, Reiseverbot, Meinungsverbot, usw). Und die 68er wollten es nicht wahr haben, dass sie den Machenschaften des sowjetischen Geheimdienstes KGB, der die Studentenrevolte im Westen während des Prager Frühlings organisiert, angestachelt und entfacht hat, erlagen. (Quelle: Aussagen des damaligen sowjetischen Botschafters in Bonn, Valentin Falin, im deutschen Fernsehen Anfang der 80er Jahre.)

Die Freikaufaktion war bald begleitet von Schmiergeldzahlungen der Banater Schwaben (und Siebenbürger Sachsen gleichermaßen) an Securitate-Offiziere, um eine Beschleunigung der Bearbeitung ihrer Ausreisepapiere zu erlangen. Es entstand eine regelrechte Verbrüderung zwischen Täter und Opfer. Wie viel Spitzel in dieser Zeit nach Deutschland gekommen sind, kann man nur erahnen. Der Vorstand der Banater Landsmannschaft in München war unterlaufen und im Visier der Securitate, dass ja niemand etwas „Schlechtes" über Rumänien hier in Deutschland verbreitet.

Mitten in dieser Freikaufaktion 1982 kam das Prosawerk von Herta Müller – die nicht aus Rumänien ausreisen wollte - im Bukarester Kriterion-Verlag raus, in welchem die Banater Schwaben auf das Übelste erniedrigt, verleumdet, literarisch Verunstaltet und rassistisch volksverhetzend dargestellt wurden. Das Prosawerk lag genau auf der Linie der Partei und Securitate und wurde auch vom Zentralkomitee der Kommunistischen Jugend Rumäniens (CC al UTC) mit zwei Preisen belegt. Das Schmutzwerk über die Banater Schwaben – die eigentlich von Herta Müller als Nazis beschimpft wurden, weil sie ihr literarisches Werk kritisierten – kam auch 1984 in der Bundesrepublik im „Rotbuch-Verlag" heraus und bekam hier noch weitere drei Literaturpreise. Was für Hohlköpfe waren das? Wer vergibt einen Literaturpreis für die Verunstaltung der Identität einer deutschen Minderheit – die in Scharen die Freiheit aus einem kommunistischen Regime suchten und Unmengen materiell, seelisch, psychisch dafür bezahlt haben und leiden mussten? Linksterroristische Hohlgeister? Und was soll man von jenen halten (auch Professoren-Doktoren, die dem linken Spektrum zuzurechen sind, die ihre Studenten mit einer linksgerichteten Volldoktrin zumüllen), die solche Werke (2011 kam auch noch ein Nachahmer dazu, C.D.Florescu, der noch einiges draufsetzte) mit Literaturpreisen belegen? Und Herta Müller beschimpft regelmäßig in Interviews die Banater Schwaben, die ihre Meinungen zu den Schundwerken nicht äußern dürfen, denn sie passen nicht zum Mainstreamjournalismus? Ist das Qualitätsjournalismus?

An welcher Stelle konnte man in diesem Beschreibungen feststellen, dass Herta Müller eine „Widerständige im Sozialismus" war? Ganz im Gegenteil, sie hat mit den kommunistischen Machthabern zusammen gearbeitet und das Ansehen ihrer Landsleute während der Freikaufphase verunstaltet und beschmutzt. Ein Mitglied der Aktionsgruppe äußerte sich so: „Sie haben die Landsleute, die von ‚Geist und Kultur desinteressiert' waren, literarisch verewigen wollen." (Welche Kultur sollten die Banater Schwaben im kommunistischen Rumänien interessieren? Die der Kommunisten? Oder der noch gebildeteren Marxisten?) Das grenzt natürlich an einer großen Portion Überheblichkeit, oder Größenwahn die man auch bei den Anhängern der 68er bemerken kann: „Wir sind die Intellektuellen und alle anderen sind die Blöden, oder Idioten!" So etwa steht es dann auch in Wikipedia: „Intellektuelle halten ‚Niederungen' für gute deutsche Literatur!" **Ich finde das**

ekelerregend! Das als Ende meiner Beobachtungen und ab-schließend über die „kritische Stimme in der eigenen kultu-rellen Volksgruppe". (Volksgruppe ist ein Begriff, den die Nazis auch verwendet haben.)

Die Leiden einer ehemaligen Minderheit wird von jenen ver-spottet und literarisch verunstaltet, die (zum Teil) selbst dafür verantwortlich waren, oder mit den Verant-wortlichen paktierten. Das kann nur in Deutschland unter (linksterroristischen) Besserwissern passieren! (Und das sind so manche (halb)gebildete Medienfuzzis!)

Links zu Dokus und Infos von Carl Gibson – dem ehemaligen Inhaftierten der Ceausescu-Diktatur:
https://carl-gibson.blogspot.de/2018/02/trieb-herta-muller-die-aufrechte.html
https://carl-gibson.blogspot.de/2018/02/ist-die-stuttgarter-zeitung-teil-der.html

Entschuldigen Sie, bitte, dass es so viel geworden ist.
Vielen Dank. Mit freundlichen Grüßen F.B.

Das Herta-Müller-Handbuch
Ein wertvolles Buch! Aber für wen?

Sehr geehrte Professoren-Doktoren,
Literaturforscher der Werke von
Herta Müller, Lichtgestalt der
neuen, deutschen Literatur,

sende Ihnen hier meine Rezension, die ich bei Amazon zu dem "Herta-Müller-Handbuch" verfasst habe. Ich habe auch recherchiert und bin teilweise zu anderen Schlussfolgerungen als Sie gekommen. Um zu verstehen, was Herta Müller angetrieben hat, mit den "Niederungen" ihr literarisches Werk zu beginnen, um durchzublicken, welcher Lügen sie sich bedient hat, muss man Ceauşescus Kommunismus mehrere Jahre lang erlebt haben, wobei man gleichzeitig die Möglichkeit wahrnehmen muss, dass man die Ausgaben der "Neuen Literatur" (sowie "Neuen Weg") heute in Deutschland durchsehen kann.

Ich bin nun mal ein Mensch, der die Wahrheit und Gerechtigkeit liebt, daher erhalten Sie dieses Schreiben, gerade weil ich in den letzten Tagen erfahren musste, dass (gerade ausländische) Studenten instrumentalisiert wurden, um Herta Müllers Lügen zu verbreiten. (Stuttgarter Zeitung, Robert Bosch Stiftung)

Viel Spaß beim Lesen der folgenden Zeilen.

(Und? Hat jemand geantwortet? NEIN! Dr.-Titel im Lotto gewonnen?!...)
##

Ein Handbuch von äußerst großem literarischen Wert – aber für wen?... (Diese Rezension wurde auf „Amazon" gelöscht, weil darin „obszöne Begriffe" enthalten sind!)

Dieses Handbuch von einem außerordentlich großen literarischen Wert und insbesondere auch ein wichtiges Nachschlagewerk für die Literaturforschung – für Studenten und zukünftige angehende Doktoranden eine Pflichtlektüre – wurde von Norbert Otto Eke und einer Gruppe namhafter Literaturforscher verfasst. Mit dem Zitat aus dem Klappentext ist dabei alles gesagt: „Das Handbuch, das fortgeschrittenen Studierenden wissenschaftliche Zugänge zum jeweiligen Thema erschließen soll, zum anderen aber auch Spezialisten in der deutschsprachigen Forschungslandschaft als Anlaufstelle und Orientierung dienen kann." Ja ich sehe sogar eine Warnung an all jene, die sich nicht an die Leitlinien aus diesem Buch halten, dass bei einer eventuellen Gegendarstellung das „fortgeschrittene Studium" oder das mit diesem Thema verbundene Doktorat sich in „Luft auflösen" könnten.

Norbert Otto Eke ist für uns ein bekannter Literaturforscher, der von uns schon einmal einige Zeilen - Hinweise (an die Referenten der Tagung „Gegenwartsliteratur-Kloster-Bronnbach" – eine PDF-Datei) bezüglich des „Forschungsgegenstandes" erhalten hat – aber keine Zeit gefunden hat, um eine Antwort zu geben. Das ist vielleicht verständlich, wenn man bedenkt, dass die Literaturforschung in dieser Hinsicht total in die falsche Richtung geht – es werden eigentlich nur Steuergelder dafür verschwendet!

Warum ist dieses Handbuch sehr wertvoll für angehende Doktoranden und fortgeschrittene Studierende? Dieses Buch liegt voll und ganz auf dem „Sound der heutigen Generation" und verkörpert somit den gesellschaftlichen Wandel: „Lug, Betrug und Heuchelei". Besser als von Professoren-Doktoren der „neuen, deutschen Literatur", Vorreiter der Literaturforschung, kann man so ein Handbuch kaum zusammenstellen, um

„glaubwürdige" Lügen zu verbreiten. Und alle, die sich gegen die Forschungsergebnisse stellen, werden missachtet und ausgegrenzt. Daher wird man kaum eine Kritik in den Medien, die den Professoren-Doktoren – die oft auch nur „gekauft" sind – an den Lippen hängen, wie die Eintagsfliegen an den Straßenlaternen, finden. Es erstaunt mich auch immer wieder wieso 40jährige etwas über die Vorkommnisse aus den osteuropäischen Diktaturen kennen? Die waren damals (1990+/-) als die kommunistischen Regimes untergingen gerade 12(+/-)! Was haben sie davon mitbekommen? Bei den heutigen (und damaligen) PISA-geplagten Schüler? Offensichtlich „gar nichts"! Denn sonst würden sie die fiktionalen, literarischen „Geschichten" und realen Fakten, die von Herta Müller den Medien seit Jahren vorgelegt und vorgegaukelt (sowie verdreht) werden, durchschauen. Es gibt in den Medien eine Suite von Falschmeldungen („Sammlung HM-Presse-Medien-Falschmeldungen" – eine PDF-Datei), welche in diesem BUCH HIER wiederholt, ergänzt und fortgesetzt werden.

Zunächst einige Worte über „Niederungen", ein von den rumänischen Kommunisten 2-Fach preisgekröntes Werk, welches aber auch (gleichzeitig) 3-Fach in Deutschland ausgezeichnet wurde. Und das brachte ihre Landsleute – die Banater Schwaben – auf die Palme.

Banater Post, November 1984: „Eine Apotheose des Hässlichen und Abstoßenden. Anmerkungen zu Herta Müllers ‚Niederungen'. [...] Am 24.5.81 veröffentlichte der NBZ-Kulturbote eine Kurzgeschichte der Preisträgerin unter der Überschrift ‚Das schwäbische Bad', die übrigens auch in den Band ‚Niederungen' aufgenommen wurde [...] Ein Sturm der Entrüstung fegte nach der Veröffentlichung über das schwäbische Banat. Die zweifellos auch literarisch leidgeprüften Banater Schwaben begehrten auf, lehnten die Verunglimpfung entschieden ab [...] Der Dankrede H. Müllers ist zu entnehmen: [...] Die ständige Angst vor dem Assimiliertwerden des ‚kleinen Häufchens', wie sich die Schwaben so gern bezeichnen, ist nichts als eine Rechtfertigung für ihren ETHNOZENTRISMUS. Der Kult, den sie aus den IMAGINÄREN WERTEN ORDNUNG, FLEISS und SAUBERKEIT, Werte, die ihnen und nur ihnen zugeschrieben werden dürfen, ist nichts als eine fadenscheinige Rechtfertigung für ihre Intoleranz." (Welches sind dann die reellen Werte unserer Gesellschaft heute, die solchem Nihilismus Preise vergibt: Lug, Betrug und Heuchelei?)

Und weiter über den Lektor des Rotbuch-Verlages (Berlin), in welchem 1984 die „Niederungen" veröffentlicht wurden: „Hätte nicht das ‚Kulturinstitut der BRD' (Goethe-Institut) in Bukarest Herrn Friedrich Christian DELIUS, der sich selbst als ‚freier MITARBEITER der KLASSENKÄMPFE' bekennt und als Schriftsteller Texte für Leute schreibt, ‚die bewusst oder weniger bewusst ein Interesse zur Veränderung im SINNE des SOZIALISMUS' haben (Delius über Delius in der NBZ vom 26.10.83).

Zusammenfassung: „Hauptthema von H. Müllers Erzählungen sind die Banater Schwaben und das schwäbische Dorf. Sie werden LITERARISCH DARGESTELLT beziehungsweise ENTSTELLT, sie werden literarisch GESTALTET beziehungsweise VERUNSTALTET. Dabei ist ihr jedes Mittel recht, kein Ausdrucksmittel zu vulgär. Sie verunglimpft ihre Landsleute, ihre Sippe, ihre nächsten Angehörigen. Sie schwelgt in der Darstellung des Hässlichen, des Abstoßenden, des Widerlichen und des Ekelerregenden - des Ekels schlechthin." Und ich ergänze jetzt. Wer so einem Werk Preise vergibt, hat einen ethnozentrischen, kulturellen, ekelerregenden, volksverhetzenden, rassistischen, geistigen Schaden.

Aus der Erzählung „Meine Familie". Zitat: „Mein Großvater hat den Hodenbruch. Mein Vater hat noch ein anderes Kind mit einer anderen Frau [...] die Leute sagen, dass ich [...] von einem anderen Mann bin [...] Die anderen Leute sagen, dass meine Mutter von einem anderen Mann ist und dass mein Onkel von einem anderen Mann ist, aber nicht von demselben anderen Mann, sondern von einem anderen [...] Mein Urgroßvater fuhr jahraus, jahrein jeden Samstag in eine kleine Stadt [...] Die Leute sagen, dass er sich in dieser kleinen Stadt mit einer anderen Frau abgab [...] sie konnte, [...] nicht anderes als eine Badhure sein... " (Um Inzucht geht es auch!)

Im gleichen Bericht geht es weiter mit: „Als Nebenthemen werden noch Tierquälerei, Kinderprügeln, Totenverachtung und anderes mehr behandelt. Immer wieder mit hässlichen, abstoßenden Details, rabulistisch beschrieben. Gelinde gesagt, Aneinanderreihungen von Geschmacklosigkeiten, die der Menschenachtung und Menschenwürde hohnsprechen und die die krankhafte Ablehnung, Verachtung und den Hass der Autorin gegenüber ihrer Familie und ihrem schwäbischen Volksstamm zum Ausdruck bringen." Sie behauptete in Interviews, dass diese Geschichten überall im Banat hätten übertragen werden können – das passt auf alle Banater Dörfer und alle Banater Schwaben!!! (Ist das nicht Verallgemeinerung? Oder Pauschalisierung? Aber bei Herta Müller nicht?)

Und der „Banat-Experte" C.F.Delius bringt es auf den Punkt: „Delius bewertet das Buch in seiner bereits erwähnten Spiegel-Rezension als "EIN MITREISSENDES LITERARISCHES MEISTERSTÜCK [...] Die Wertungskriterien, nach denen Delius sein Urteil fällt, verrät er uns selbst. Er erkennt aufgrund der Lektüre von H. Müllers Buch, ‚das deutsche Dorf, es ist, mit einem Wort, die Hölle auf Erden'. Er hat das ‚grauenvolle

Landleben der Banatschwaben' erfasst und schreibt dies nicht Ceauşescus Sozialismus, sondern einem Deutschtum zu,das allein auf den Sekundärtugenden Gehorsam, Ordnung, Sauberkeit, Fleiß, Frömmigkeit. . . auf Deutschdünkelei, deutscher Inzucht ... beruht.". (Und wo bleiben die Primärtugenden, Herr Delius?)

Und was macht die Banater Landsmannschaft heute? Steht voll und ganz hinter der Nobelpreisträgerin, trotz umstrittener Äußerungen, die mittlerweile gesteuert und wenn nicht ganz, dann doch teilzensiert werden. Hier arbeiten schließlich und endlich jene, die auch noch für die Kommunisten die Zensur, als ehemalige Kulturredakteure, die eng mit der Securitate zusammenarbeiten mussten, besorgten, und noch nicht vergessen haben, wie man es gemacht hat und wie man es heute machen muss. Wer kann und konnte schon Interesse daran gehabt haben, den bis dahin guten Ruf der Banater Schwaben durch den „Dreck" zu ziehen: Die rumänischen Kommunisten, an der Spitze die RKP (Rumänische Kommunistische Partei) mit dem Repressionsinstrument Securitate, Leute, welche die Banater Schwaben hassen, aus welchem Grunde auch immer, aber vor allem, weil sie die Freiheit suchten (und als Republikflüchtlinge vor dem Kommunismus geflohen sind), dazu gehören wohl hochintelligente Intellektuelle, die aber meist unter linksterroristischen Hohlköpfen zu suchen sind, die „Banater Aktionsgruppe", die laut Richard Wagner „nicht nur GUTE Kommunisten, sondern auch die GEBILDETEREN Marxisten (1982+/-) waren."

Was Herta Müller in ihren Werken über die Repressionsmethoden der Securitate schreibt, entspricht VOLL und GANZ den Tatsachen. Nur WER HAT diese Verhöre, Verfolgung, Inhaftierung, Enteignung usw. ERLEBT? Jene, die sie als die letzten Menschen auf Erden beschreibt und die heute in Deutschland kein Recht auf eigene Meinungsäußerung haben! Sie –als PRIVILEGIERTE des Systems mit Westreisen und beliebigen Publikationen im „Neuen Weg", (wo Emmerich Reichrath DIE ANGEMESSENEN Rezensionen über „Niederungen" verfasst und veröffentlicht hat) der „Neuen Banater Zeitung" und „Neuen Literatur" – hat das ALLES NIE SELBST ERLEBT!!! Sie hat sich nur als angebliche Dissidentin präsentiert!

Ich könnte jetzt die Zitate aus dem Werk die „Securitate ist immer noch im Dienst" (wo sie sich als Dissidentin hochstilisiert), welches in der „Zeit" im Sommer 2009 – also im Vorfeld der Nobelpreisvergabe erschien, weiter beschreiben. Ich will nur zwei markante Zitate herausgreifen. Herta Müller beschreibt darin, wie sie von zwei Securisten „am Bahnhof Poiana Braşov in den Dreck" gestoßen wurde und denen gegenüber äußern konnte: „Ohne Haftbefehl gehe ich nicht mit". Einen Bahnhof Poiana Braşov gibt es aber nicht und die Securitate hat keinen Haftbefehl benötigt um jemanden mitzunehmen. So etwas konnte sie eventuell Kumpels gegenüber äußern. Das war der BEGINN aller „Lügengeschichten" in den deutschen Medien, wobei Kommentare von Banater Schwaben gestrichen, nicht veröffentlicht, die so DISKRIMINIERT und AUSGEGRENZT wurden. (Oder gibt es für Banater Schwaben keine freie Meinungsäußerung, oder zählt nur die Meinung Herta Müllers, weil sie die „intellektuelle Sprecherin" der Banater Schwaben ist, welche allein nur die Meinung DER GUTEN verbreiten darf?)

Vor einigen Tagen wurde eine Politikerin heftig kritisiert, weil sie das Wort „Kopftuchmädchen" verwendet hat. Ich fasse hier zusammen, was Herta Müller über die Banater Schwaben nach dem Erscheinen IHRER „Niederungen" hier in Deutschland (übrigens zur Zeit des eisernen Vorhangs, als nur Privilegierte des Systems das kommunistische Rumänien verlassen durften, dazu gehört auch Herta Müller): Ethnozentrismus, Hodenbruch, Fremdgehen der ganzen Familie, Inzucht, der Kult imaginärer Werte, sie hätte das Werk voller Hass geschrieben, usw. Darüber „mockierte" sich niemand, ganz im Gegenteil, hochintelligente Intellektuelle geben dem Werk mehrere Preise und verbreiten ihren verlogenen Lebenslauf. (Ergänzend noch das „Spiegel-Interview": „SPIEGEL: Frau Müller, vor allem Ihr erstes Buch ‚Niederungen' zeigt, dass Sie nicht nur unter der staatlichen Repression, sondern vielleicht noch unmittelbarer unter der ENGSTIRNIGEN, BESCHRÄNKTEN, oft REAKTIONÄREN Mentalität der DEUTSCHEN MINDERHEIT gelitten haben. Waren Sie in einem doppelten Sinn heimatlos?" MÜLLER: „Ja, genau diese MUFFIGE SPIESSIGE Provinzialität hat mir DEN HASS eingegeben, mit dem ich die „Niederungen" schreiben konnte.")

Nun will ich nur einige wenige Punkte aus ihrem Lebenslauf, die hier in diesem Buch „Herta-Müller-Handbuch" falsch dargestellt wurden, kommentieren.

Text: Entlassung bei der Technometal wegen der Verweigerung der Zusammenarbeit mit der Securitate. Kommentar: Sie hat „Niederungen" während der Arbeitszeit bei Technometal geschrieben und wurde wahrscheinlich deswegen entlassen. Sie wurde auch aus dem Schuldienst entlassen – und zwar nicht wegen der Weigerung der Mitarbeit mit der Securitate, sondern weil sie während des Unterrichts in der Klasse vor der Klasse geraucht hat.

Text: Fortgesetzte Schikanen und Einschüchterungen und erste Reisen in den Westen. Kommentar: Trotz Weigerung und Schikanen durch den Geheimdienst durfte sie in den Westen?

Das ist ein ganz großer Widerspruch! In den Westen durften nur Privilegierte – also (informelle) Mitarbeiter des Geheimdienstes.

Text: Auf die stark „zensierten" „Niederungen" hat sie 4 Jahre warten müssen, die auch zwei Jahre später nicht zensiert im Rotbuch-Verlag erschienen. Kommentar: In der „Neuen Literatur" (der Zeitschrift des Rumänischen Schriftsteller-verbandes in deutscher Sprache 1979-1989) erschienen Textteile aus „Niederungen" bereits 1979 und die folgenden vier Jahre und in der Version des Rotbuch-Verlages fehlten ganze vier Kapitel. Wo wurde nun zensiert? (Wollte der Redakteur des Rotbuch-Verlages nicht einen noch besseren Kommunismus aufbauen, als man den in Rumänien je hätte errichten können?)

Text: Nach ihrem Ausreiseantrag – Oktober 1985 - hatte sie Publikationsverbot in Rumänien. Kommentar: Das ist HIER das ERSTE MAL, das diese Aussage stimmt, denn ab da war sie keine Privilegierte mehr. In allen weiteren Kommentaren hatte sie Publikationsverbot seit dem Erscheinen der „Niederungen" (1982). In der „Neuen Literatur" erschienen regelmäßig Werke von Herta Müller – sogar noch im August 1985 belegte sie und Richard Wagner 30% der gesamten Auflage und dabei wurde sie sogar auf der Seite veröffentlicht, wo der große Conducător veröffentlicht wurde.

Text: Am 27.Februar 1987 verlassen Herta Müller und Richard Wagner Rumänien. Kommentar: Sie verließen also Rumänien und „gingen nicht ins Exil", denn sie wurden genau so, wie die von ihr bis aufs Äußerste verunglimpften Banater Schwaben, von der deutschen Regierung freigekauft. Das Märchen mit dem „Exil" wegen ihrer „Literatur" ist also FALSCH!!! Und ab diesem Zeitpunkt erschienen erst Werke, die den „bösen

Diktator" (welchen sich offensichtlich viele hier gewünscht hätten) und die Securitate zum Thema hatten. Aber in der Novemberausgabe 1989/Seite 16 (mehr als zwei Jahre nach ihrer Ausreise) erschien noch einmal (oder schon wieder) ein Text – ein Loblied - von Herta Müller über die Ceausescus mit dem Titel „Unser großes Haus".

Herta Müller war in Rumänien nie eingesperrt, nie verfolgt (Verfolgte saßen immer im Gefängnis und durften keine Westreisen machen), hatte (mit Ausnahme 1986) nie Publikationsverbot und musste nicht wegen ihrer Literatur ins „Exil". In einigen Werken nach 2009 („Cristina und ihre Attrappe", „Mein Vaterland war ein Apfelkern", usw.) werden immer wieder die Lügen, die im Vorfeld der Nobelpreisvergabe in der „Zeit" erschienen sind, wiederholt, so, als ob eine Lüge die nur oft genug wiederholt wird, zur Wahrheit werden würde. Bei dem „Zeit"-Artikel (2009) erschienen auch Kommentare von anderen Banater Schwaben, die dort den Satz „Verleumdung gehört zum Brauchtum der Banater Schwaben" lesen durften aber auch Kommentarverbot bekamen, weil sie NICHT DAS kommentierten, was der Zeitredakteur für die „Wahrheit" hielt. „Wer die Wahrheit geigt, dem schlägt man oft die Fidel auf den Kopf." (Jean Paul) Und daher werden sich die forschenden Literaturgurus immer nur so verhalten, dass sie KEINE FIDEL auf den Kopf bekommen.

Ein Zitat aus dem hochdotierten literarischen Werk „Unser großes Haus" („Neue Literatur", November 1989!!!) – typisch Herta Müller. Zitat: „Die Putzfrau schüttelt den Staublappen durchs Fenster. Die Akazie ist gelb. Der alte Mann kehrt wie jeden Morgen den Gehsteig vor seinem Haus. Die Akazie bläst ihre Blätter in den Wind. Die Kinder haben ihre Falkenuniformen an. Gelbe Blusen und dunkelblaue Hosen und Faltenrocke. ‚Heute ist Mittwoch', denkt Amalie. ‚Heute ist

Falkentag.' Die Bausteine klappern. Die Kräne summen. Indianer marschieren in Kolonnen vor den kleinen Händen. Udo baut eine Fabrik. Die Puppen trinken Milch aus den Fingern der Mädchen." Würde man diesen Text mit der Sprache in „Atemschaukel" vergleichen, würde man sehr schnell feststellen, dass die „Atemschaukel" von jemand anderem – von Oskar Pastior - geschrieben wurde (siehe Seite 299, wo das auch zugegeben wird). Daher kommen darin auch nur Siebenbürger Sachsen vor. Und wenn dann doch einmal Banater Schwaben erwähnt werden, dann sind es geistig Behinderte: Die Planton-Kati – die verrückte – aus dem Banat.

MASSON-ROSENOW - LITERARISCHES-DUETT / Über den sich ausbreitenden Agrammatismus / Zitate. „Hätten Sie und andere Experten für Literatur nicht so lange tatenlos zugesehen, wie wortgewordener Bockmist hier schon jahrelang als Feingebäck verkauft wird, so müssten wir Lieschen Müller hier und heute nicht als Lichtgestalt ertragen, als die sie in der Literaturszene nun schon länger herumgereicht wird. Ein Wort von Ihnen, zur rechten Zeit ausgesprochen, hätte den Siegeszug dieser agrammatischen Sprachakrobatin stoppen können. Dieses Wort jedoch ist meines Wissens niemals gefallen." Und über „Niederungen": „Die habe auch ich gelesen. Sie meinen doch sicher jene frühen Texte, die sozusagen aus der Dackelperspektive geschrieben sind, aus der Sicht des kleinen Mädchens, das sich am Knie des Vaters festhält. Da hatte man in der Tat den Eindruck, hier würde quasi auf Millimeterpapier in nicht ungeglückter Weise etwas eindrücklich Erfahrenes geschildert. Die Katastrophe begann erst, als Lieschen Müller sich anschickte, das Schreibmuster dieser frühen Versuche auf die Erwachsenensphäre zu übertragen."

Noch ein Satz, den Professor-Doktor Norbert Otto Eke schon einmal zu lesen bekam (aber wahrscheinlich hatte er keine Zeit es zu lesen, weil er gerade mit der Forschung beschäftigt war, oder er hat es wegen seines Hochmuts und Verachtung den Banater Schwaben gegenüber, nicht beachtet): „Das Menschenbild und die Identität, die Lebensweise, die Sitten und Bräuche der Banater Schwaben verzerrt und falsch darzustellen, sehe ich nicht als Fiktion oder Künstlerfreiheit, sondern als Volksverhetzung an! Und das sollten Professoren-Doktoren, sowie Literaturkritiker und –forscher auch so tun, falls sie nicht in die falsche Richtung forschen und nur Steuergelder verprasseln.

Vielen Dank für die Aufmerksamkeit.
Entschuldigen Sie, dass es so viel geworden ist –
das ist aber noch lange nicht alles.

###

Vielen Dank.
MfG. F.B.

Herrn Mascolo und Rechercheverbund

betr.: Fehler zugeben und Falschmeldungen korrigieren; Medien haben die Bedrohung ihrer Glaubwürdigkeit zu lange ignoriert; Buch: Krieg der Worte / Fakt, Fake und die neue Macht der Lüge;

Bezug: Herta Müller in den Medien:
Wird eine Lüge, die nur oft genug wiederholt wird, zur Wahrheit?

An Herrn Georg Mascolo (Leiter des Rechercheverbundes) **und Mitglieder des Rechercheverbundes: WDR, NDR, SZ**

Habe aus diversen Veröffentlichungen, wie auch aus dem Fernsehen, von Ihrer gemeinsamen Tätigkeit im Rechercheverbund erfahren, was sie alles tun. Es ist bemerkenswert, dass Sie dazu beigetragen haben, dass die Panama-Papers veröffentlicht wurden. Und Sie, Herr Mascolo, habe ich schon öfters bei Talksendungen im Fernsehen gesehen und kann Ihnen bestätigen, dass Sie immer gute Beiträge gebracht haben.

Ich konnte im Internet auch einige Beiträge finden. Darunter die Vorstellung Ihres Buches „Krieg der Worte / Fakt, Fake und die neue Macht der Lüge" in der Eberhard Karls Universität Tübingen, wo auch der Tübinger SWR-Studioleiter Dr. Andreas Narr die Veranstaltung moderierte. [Was Andreas Narr angeht, könnte ich gerade mal behaupten, dass das eine riesige Heuchelei seinerseits ist, denn ich hatte ihn schon vor ein paar Jahren, wegen einer Hesse-Preisverleihung in Calw angeschrieben und meine Bedenken vorgetragen, aber von dem „großen" Herrn keine Antwort bekommen. Und der Schwarzwälder Bote (SchwaBo) jubelte damals: „Texte voller Sinnlichkeit, das Lesen bedeute ein Erkenntnisse förderndes Vergnügen". Was für ein Vergnügen überhaupt, wenn eine ehemalige Minderheit aus dem kommunistischen Rumänien von einem Autor (dessen Familie dort zu den Privilegierten des Regimes gehörte) ver-höhnt und verspottet wird, und dafür auch noch einen Preis erhält. Die Antwort des SchwaBo blieb ebenfalls aus.]

Des weiteren stehen Sie für „Nicht-Wissen könne auch eine Tugend sein. Ebenso wichtig sei es, Fehler zuzugeben und Falschmeldungen zu korrigieren. Denn wer Fehler zugebe, gewinne an Glaubwürdigkeit." Für Sie, Herr Mascolo, ist klar: „Wir haben die Bedrohung unserer Glaubwürdigkeit zu lange ignoriert." Sie und Ihr Rechercheverbund sorgen durch tiefgründige Geschichten immer wieder für Schlagzeilen. „Dieser Verbund ist bundesweit einmalig und ein wichtiges Signal in Zeiten des bedrohten Qualitätsjournalismus." Hut ab, machen Sie weiter so und lassen Sie sich nicht beirren. Meiden Sie aber jegliche ideologische Verblendung, denn die kann nur schaden und nur in das Desaster führen, aus welchem Sie eigentlich raus kommen wollen. [Ich schreibe Ihnen diese Zeilen, weil ich schon etliche Ihrer Kollegen – meist aus Kulturredaktionen – angeschrieben habe, die auf literarische Werke Loblieder geschrieben haben, die aus meiner Sicht eher einer rassistischen Volksverhetzung zuzuordnen sind. Keine Antwort! Kein Kommentar! Das heißt für mich Diskriminierung pur und ganz viel „Dreck am Stecken" was die Berichterstattung angeht. Ich sage aber nicht „Lügenpresse" dazu, sondern: leserverachtende, volksverdummende Pressefuzzis.]

Eine Talkrunde, an welcher Sie auch teilgenommen haben, bei welcher A. Gauland vorgeführt wurde, habe ich auch gesehen. Ich bin weder AfD-Mitglied, noch AfD-Wähler und muss doch jedes Mal feststellen, dass die AfD-Vertreter fast nie zu Wort kommen dürfen, sie werden von den anderen – meist aus dem linken Spektrum – immer an der Aussprache gehindert. Manche verhalten sich wie kleine 10-jährige Bübchen, die ihre Kollegen gerade mal kräftig mobben. Gerade bei dieser Talkshow fielen mir Ziemjak und A.K.Göring wie ehemalige Nazi- oder Kozi[1]-Offiziere bei ihrem regelrechten „Geschrei" (welches ich nur aus Filmen kenne) gegenüber A.Gauland auf. Bei diesem Verhalten werden nur noch mehr Wähler für die AfD angeheuert. Auch das Prophezeien von Gewaltakten hilft nicht, denn in letzter Zeit konnte man sehen, dass nie ein AfDler eine Gewalttat verübt hat, denn immer waren die Gewalttätigkeiten gegen die AfD gewandt.

Was in Chemnitz tatsächlich geschah, ist mir heute immer noch ein Rätsel. Kretschmer behauptete, es gab keine Hetze. Maaßen behauptete, es gab keine Hetze. Merkel und Nahles behaupteten, es gab eine Hetze. Schulz sagte in einer Talkshow beinahe wörtlich: „Maaßen musste gehen, weil er nicht das sagte, was Merkel wollte." **Es wäre eine Möglichkeit für Sie, das wirklich mal aufzuklären.** Denn was mich bei den Berichterstattungen störte, war die Tatsache, dass sie immer „von links" kam und dass man jedes Mal diese Karl-Marx-Statue zeigte. Sind wir heute näher am Kommunismus, als wir jemals waren? Das würde diese verlogenen Berichterstattungen erklären. (Denn die Nazis haben genau so wie die Kozis gelogen, dass die „Balken sich bogen". Was bei uns noch dazu kommt: es wird verniedlicht, vertuscht, verheimlicht, gefiltert, verdreht und verschwiegen.)

Ich will Ihnen nun an einem Satz, den ich bei einer Kommentatorin eines die Banater Schwaben diskriminierenden Romans fand, erklären, wie das ist (und wenn man weiß, worum es geht, was man dabei empfinden muss...).
„Der Roman endet mit der Deportation junger rumänischer Männer nach Sibirien."

Richtig wäre der Satz aber so: „Der Roman endet mit der De-portation der Banater Schwaben bewacht durch junge rumäni-sche Männer mit aufgepflanzten Bajonetten in den Bărăgan". Wenn Sie das richtig gelesen haben, dann müssten Sie fest-stellen, dass die Rolle der Deportierten verdreht wurde und das Verwechseln von Bărăgan mit Sibirien stellt bloß eine deut-liche Unwissenheit dar. Aber das ist heute die Berichterstattung der deutschen Medien über die Banater Schwaben, eine unter-drückte Minderheit aus dem kommunistischen Rumänien Ceaușsescus.

Die deutliche Unwissenheit kann man auch bei der medialen Berichterstattung über die Nobelpreisträgerin Herta Müller feststellen. Ihr Lebenslauf ist von vorn bis hinten erlogen.
Daher meine Frage an alle Journalisten, die je etwas über Herta Müller geschrieben haben: Wird eine Lüge, die nur oft genug wiederholt wird, zur Wahrheit?

Sie haben bei diesem Thema, die Möglichkeit monatelang zu recherchieren, was der Wahrheit entspricht und was ge-logen ist. Wenn das nicht von Ihrem Tätigkeitsfeld abgedeckt wird, dann leiten Sie es doch, bitte, Ihren Kollegen weiter. Ich habe mindestens 30-40 Redaktionen angeschrieben: allgemei-nes Schweigen – aber weiter lügen...
http://www.balzerfranz.de/HM-Presse-Medien-Falschmeldungen.pdf

Warum ich das alles weiß? Ich habe fast 30 Jahre lang den Kommunismus am eigenen Leibe erlebt und weiß also genau, was dort geschehen ist, und was dort möglich war. Ich habe auch Zeitschriften aus der damaligen Zeit durchgeblättert und habe Werke gefunden, die in jener Zeit veröffentlicht wurden, als sie angeblich Publikationsverbot hatte. Sie bezichtigte alle ihre Kritiker als „Nazis" (das ist übelste Verleumdung und hässliche Pauschalisierung), einen Umstand, der nur von Kozis aufgenommen werden konnte. Sie beschreibt, dass sie von der Securitate (dem rum. Geheimdienst) verfolgt und verhört worden wäre. Die Repressionen der Securitate den Rumäniendeutschen gegenüber stimmen schon für ihre Landsleute, die sie (genau so wie die rumänischen Altkommunisten und Securitate) als Nazis bezeichnet aber NICHT FÜR SIE SELBST. Sie selbst war nie verhaftet, wurde nie verprügelt, hatte nie Publikationsverbot und hat solange sie in Rumänien lebte, keine Literatur gegen den Diktator geschrieben, das kam erst nach 1987, nachdem sie nach Deutschland ausgewandert war. Sie war Privilegierte des Systems, konnte Westreisen unternehmen und ist jedes Mal zu ihren angeblichen Verfolgern und Peinigern zurückgekehrt, sie hatte kein Publikationsverbot, sie bekam sogar Preise vom Zentralkomitee der kommunistischen Jugend und konnte regelmäßig in der „Neuen Literatur" (der Zeitschrift der Deutschen aus dem kommunistischen Rumänien) und anderen Zeitungen und Zeitschriften veröffentlichen – manchmal auch auf Seite 3 – eine Seite, die gewöhnlich dem Conducător vorbehalten war. (Näheres finden Sie im weiter oben genannten Link.)

Und die „Atemschaukel", das Nobelpreiswerk? Das ist das Werk von Oskar Pastior! Das kann man sogar im Buch auf Seite 299 (sinngemäß) lesen: „Er hat erzählt und sie hat ganze Hefte voll geschrieben."

Herta Müller und die Banater Schwaben
(Warum darf die deutsche Öffentlichkeit nicht alles wissen?)

Die Banater Schwaben und Siebenbürger Sachsen gehören/ gehörten zu der deutschen Minderheit in Rumänien. Das Banat liegt (in der Ebene) in Westrumänien, während Siebenbürgen (im Bergland) in Zentralrumänien liegt. Beide Volksstämme wurden nach dem Zweiten Weltkrieg verfolgt und deportiert.

Sie wurden auch noch lange danach als Nazis beschimpft. Wohl auch aus dem Grund konnte man sie zwanglos und beliebig enteignen und deportieren.

So kam es in den 1960er Jahren zu einem allgemeinen Drang der Rumäniendeutschen das Land zu verlassen. Das galt sowohl für die Banater Schwaben (die auch noch zusätzlich eine Bărăgan-Deportation über sich ergehen lassen mussten), wie auch für die Siebenbürger Sachsen. In den Jahren 1968 bis 1989 gab es geheimgehaltene Absprachen zwischen der Bundesrepublik und Rumänien, um die Rumäniendeutschen umzusiedeln (Familienzusammenführung). Natürlich wurde ein Freikaufpreis für die Ausreisewilligen seitens der Bundesrepublik dafür bezahlt. (Darüber gab es Beiträge im deutschen Fernsehen, z.B.: „Teurer Freikauf". Über diese Tätigkeiten berichtet Dr.H.D.Hüsch – der damalige Verhandlungsführer – in seinem Buch „Wege in die Freiheit").

Die Banater Aktionsgruppe (deren Mitglieder fast alle in der RKP waren) und Herta Müller waren mit dieser Umsiedlungswelle nicht einverstanden und verhielten sich so, als ob sie im Auftrage der RKP (Rumänischen Kommunistischen Partei) handeln würden, die es nicht gerne sahen, dass die Menschen vor dem Kommunismus geflohen sind. Das war ja in der ehemaligen DDR auch so (hatten da nicht eine Menge Leute ihr Leben gelassen, weil sie vom „glorreichen Kommunismus" fliehen wollten. Die Banater Schwaben, die den „glücklichen" Kommunismus verlassen wollten, wurden aber von Herta Müller zu „Nazis gemacht"!). Und Politiker linker Parteien sahen es auch nicht gerne, dass ihre „kommunistischen Freunde" Rückschläge im „glücklichen Aufbau des Kommunismus" erleiden mussten. Die Aktionsgruppe stellte ähnliche Forderungen, was die Aufbereitung der Nazizeit angeht, wie die 68er. Nur – sie hatten übersehen, dass die Rumäniendeutschen ihren

Tribut schon bezahlt hatten: Enteignung, Deportationen, Bespitzelungen, Einschränkung sämtlicher Freiheiten, usw.

Nun kam 1982 (Mitten in der Freikaufaktion) in Rumänien das Erstlingswerk Herta Müllers „Niederungen" heraus (allgemeine Beschreibung weiter unten). Es sollte die Identität der Banater Schwaben in ihren Grundfesten niederschlagen und in der Bundesrepublik lächerlich machen – im Grundgesetzt steht dafür Volksverhetzung. Die Erstausgabe war angeblich zensiert und sie hatte vier Jahre lang darauf warten müssen (in der „Neuen Literatur" kann man etwas anderes nachweisen – siehe weiter oben). 1984 brachte genau der „Rotbuch-Verlag" (Westberlin) die „Niederungen" erneut heraus, aber darin fehlten ganze vier Kapitel. Hier wurde aber NICHT zensiert!!!

Sie gab im Westen an, dass sie verfolgt und verhört wurde und Publikationsverbot hatte. Das kann man alles widerlegen (siehe obigen Link).

1987 konnte sie zusammen mit ihrem zweiten Ex[3] – Richard Wagner - im Rahmen der Freikaufaktion nach Deutschland umsiedeln. Erst ab hier konnte sie es sich leisten gegen den bösen Diktator zu schreiben, bis dahin war sie aber Privilegierte des Systems.

Bei der Freikaufaktion, die weitläufig geheim ablief kam es auch zu Schmiergeldzahlungen. [Komischerweise hatte die rumänische Regierung unter Ceauşescu gerade im Herbst des Jahres 1982 das Dekret 402 herausgebracht und von den ausreisewilligen Akademikern das Schulgeld in Devisen, die ein rumänischer Staatsbürger jener Zeit NICHT HABEN durfte, zurückverlangt, was zu Zahlungen von etlichen Zahntausend DM führte.] Es kam sozusagen zu einer Komplizenschaft zwischen Täter und Opfer, so dass dadurch (vermutlich) auch einige Personen nach Deutschland kamen, die nicht unbedingt die „Freunde" der Banater Schwaben waren. Und ganz sicher wurden auch einige „geschickt". Schließlich verließen auch 3 Millionen Originalrumänen das Land, deren Aktivitäten man „von Zuhause aus" genau beobachten musste. Von solchen Personen muss man heute erwarten, dass sie danach bestrebt sind, die Banater Schwaben noch immer schlecht zu reden, was dazu führt, dass sie die verunglimpfende Schundliteratur mit Lobgesängen huldigen und sich wie gewissenlose Fanatiker verhalten.

„SPIEGEL: Frau Müller, vor allem Ihr erstes Buch ,Niederungen' zeigt, dass Sie nicht nur unter der staatlichen Repression[2], sondern vielleicht noch unmittelbarer unter der engstirnigen, beschränkten, oft reaktionären Mentalität der deutschen Minderheit gelitten haben. Waren Sie in einem doppelten Sinn heimatlos?"

MÜLLER: **Ja, genau diese muffige spießige Provinzialität hat mir den Hass eingegeben, mit dem ich die „Niederungen" schreiben konnte."**

Zitat Carl Gibson: „Das ist der Original-Ton einer wahrhaftigen Hasspredigerin, die den ideologisch fixierten Vorgaben der SPIEGEL-Redakteure willig folgt, einer Tendenz, die vom SED-Blatt des Kommunisten Erich Honecker ,Neues Deutschland' nicht mehr zu überbieten gewesen wäre." [...] „Herta Müller ist uneinsichtig und bleibt bei ihrer Hetzbotschaft.
Da diese Wahrheit nicht an den Tag durfte, behindert durch undemokratische Machtausübung, durch Lug und Trug und Täuschung, darüber hinaus auch noch durch moralisch verwerfliche Druckausübung auf Aufklärer und ihre Medien, steht für mich fest, dass die Hasspredigerin Herta Müller ihren No-

belpreis nicht aufrichtig erworben, sondern verlogen ergaunert hat".
(Vergl. dazu auch „Die Securitate ist immer noch im Dienst")

Banater Post, November 1984: „Eine Apotheose des Hässlichen und Abstoßenden. Anmerkungen zu Herta Müllers "Niederungen". [...] Am 24.5.81 veröffentlichte der NBZ-Kulturbote eine Kurzgeschichte der Preisträgerin unter der Überschrift "Das schwäbische Bad", die übrigens auch in den Band „Niederungen" aufgenommen wurde [...] **Ein Sturm der Entrüstung fegte nach der Veröffentlichung über das schwäbische Banat.** Die zweifellos auch literarisch leidgeprüften Banater Schwaben begehrten auf, lehnten die Verunglimpfung entschieden ab [...] Und weiter über den Lektor des Rotbuch-Verlages (Berlin), in welchem 1984 die „Niederungen" veröffentlicht wurden.[...] Herr Friedrich Christian DELIUS, der sich selbst als ‚freier MITARBEITER der KLASSENKÄMPFE' bekennt und als Schriftsteller Texte für Leute schreibt, ‚die bewusst oder weniger bewusst ein Interesse zur Veränderung im SINNE des SOZIALISMUS' haben."

Zusammenfassung: „Hauptthema von H. Müllers Erzählungen sind die Banater Schwaben und das schwäbische Dorf. Sie werden LITERARISCH DARGESTELLT beziehungsweise ENTSTELLT, sie werden literarisch GESTALTET beziehungsweise VERUNSTALTET. Dabei ist ihr jedes Mittel recht, kein Ausdrucksmittel zu vulgär. Sie verunglimpft ihre Landsleute, ihre Sippe, ihre nächsten Angehörigen. Sie schwelgt in der Darstellung des Hässlichen, des Abstoßenden, des Widerlichen und des Ekelerregenden - des Ekels schlechthin." **Und ich ergänze jetzt.** Wer so einem Werk Preise vergibt, hat einen ethnozentrischen, kulturellen, EKELERREGENDEN, volksverhetzenden, rassistischen, GEISTIGEN SCHADEN.

Aus der Erzählung „Meine Familie". Zitat: „ ... Mein Großvater hat den Hodenbruch. Mein Vater hat noch ein anderes
Kind mit einer anderen Frau [...] die Leute sagen, dass ich [...]
von einem anderen Mann bin [...] Die anderen Leute sagen,
dass meine Mutter von einem anderen Mann ist und dass mein
Onkel von einem anderen Mann ist, aber nicht von demselben
anderen Mann, sondern von einem anderen [...] Mein
Urgroßvater fuhr jahraus, jahrein jeden Samstag in eine kleine
Stadt [...] Die Leute sagen, dass er sich in dieser kleinen Stadt
mit einer anderen Frau abgab [...] sie konnte, [...] nicht anderes
als eine Badhure sein... " (**Um Inzucht geht es auch! Und das
soll – laut Herta Müller - überall im Banat so gewesen sein!
Das ist doch Pauschalisierung, von welcher man doch so
ungern hören möchte!**)

Und der Banat-Experte C.F.Delius bringt es auf den Punkt:
„Delius bewertet das Buch in seiner bereits erwähnten Spiegel-
Rezension als "EIN MITREISSENDES LITERARISCHES
MEISTERSTÜCK [...] Die Wertungskriterien, nach denen
Delius sein Urteil fällt, verrät er uns selbst. Er erkennt aufgrund
der Lektüre von H. Müllers Buch, ‚das deutsche Dorf, es ist,
mit einem Wort, die Hölle auf Erden'. Er hat das ‚grauenvolle
Landleben der Banatschwaben' erfasst und schreibt dies
NICHT Ceaușescus Sozialismus, sondern einem Deutschtum
zu,das allein auf den Sekundärtugenden Gehorsam, Ordnung,
Sauberkeit, Fleiß, Frömmigkeit. . . auf Deutschdünkelei,
deutscher Inzucht ... beruht.".

Und so wurden damals die deutschen Leser und die deutsche
Öffentlichkeit BELOGEN, und weil es so gut geklappt hat,
wird es heute noch immer fortgesetzt. **Gegendarstellungen
sind nicht erwünscht – sie werden unterdrückt und verschwiegen, wie im Kommunismus.**

Preisverleihungen für Volksverhetzung von Minderheiten in der „neuen deutschen" Literatur?
Warum wird die Literatur ehemaliger Privilegierter aus dem Altkommunistischen Fan-Block, die die Opfer ehemaliger Ostdiktaturen verhöhnen und verspotten, heute mit Preisen belegt? Warum danken bei uns Bundespräsidenten ab, warum werden andere wieder „abgesägt", warum müssen manche Doktoren ihren Titel "zurückgeben" und warum bekommen Privilegierte menschenunwürdiger Regimes bei „UNS" trotzdem Literaturpreise?

Das Gedicht. Der Jargon. Die Legitimation.
Banater Post 15.06.2015
Zitat Richard Wagner: „Wir waren links und in unseren eigenen Augen, wenn nicht die besseren Kommunisten. dann doch die gebildeteren Marxisten... Eine maximale Provokation für unsere Landsleute, deren Dorfkultur und Folklore wir wenig abgewinnen konnten." *(Der erste Hinweis darauf, dass die Landsleute, die in den 70er und 80er Jahren die Freiheit suchten, nicht beliebt waren – das waren sie auch nicht bei den kommunistischen Machthabern in Rumänien. Sie verachten die Dorfkultur und Folklore, kommen aber alle aus diesem Milieu!)*
Zitat Richard Wagner: „Wir hatten uns die Mundart zum Feind Nummer eins erkoren. Für uns war Mundart identisch mit Provinz." *(Auch Ablehnung und Verachtung.)*
Zitat Richard Wagner: „Die wohl steilste These, die damals einschlägig ersonnen wurde, war, Herta Müllers .'Niederungen' seien im Auftrag der ,ZK-Propaganda-Abteilung' verfasst worden. Und das alles bloß wegen des schwäbischen Bads, einer knappen Seite Text, der die Sauberkeit der Landsleute satirisch zugespitzt in Frage stellte." *(Das war leider nicht alles! Und wie war es mit der zweiten knappen Seite Text über*

ihren ‚gewalttätigen', besoffenen Nazi-Vater, wobei sie alle banatschwäbischen Kritiker zu Nazis machte – und die werden heute noch immer so behandelt – wohl das Ergebnis der Volksverhetzung? Und der Rest der Erniedrigungen? Z.B. wird deren Lebensweise an einem wohl einzigartigen Beispiel im Banat – einer Familie die so nie im Banat anzutreffen war - derart übertrieben, dass eigentlich alle Deutschen Ämter, Verbände und Institutionen auf die <u>Banater Schwaben</u> – während der Freikaufphase - als ‚<u>gefährliche Übeltäter</u>' hätten aufmerk-sam werden müssen: das Jugendamt wegen Einprügeln auf Kinder, Frauenorganisationen wegen Diskriminierung und Erniedrigung der Frauen, Tierschutzorganisationen wegen Tierquälerei (z.B. den Hund mit dem Fuß getreten, bis er verendete, dem Kalb das Bein abgehackt, damit es notgeschlachtet werden konnte), der Drogenfahndung (weil ‚vermummte' Großmütter Mohnkuchen backten und auserwählte Banater Krähenmist als Droge nutzen), Polizei wegen gewalttätiger und besoffener Männer und Korruption, usw. Dieselben Interessen hatten auch die auserwählten Mitglieder der RKP – Rumänischen Kommunistischen Partei – die es nicht gerne sahen, dass alle Deutschen das Land verlassen wollten, und ebenfalls alle kollektiv als Nazis oder Hitleristen beschimpften.)

Woran kann man erkennen, dass hier explizit „Nazis" beschrieben wurden?

Alle Banater Schwaben, welche diese Beschreibungen kritisierten, wurden von Herta Müller als „Nazis" verunglimpft. Das hat den Banater Schwaben in „Niederungen" nicht gefallen! Es war nicht nur die Geschichte mit dem „Schwäbischen Bad"!

Die ACHSE DES GUTEN
von **Richard Wagner** 21.10.2010
Die Gibsons oder Die Banater Schwaben, ihre selbsternannten Sprecher und unser Zwei-Fronten-Krieg *(... ihre selbsternannten Sprecher? Brauch man denn hier eine Partei,*

die einem das Denken und Sprechen abnimmt, oder ist nicht jeder mündig genug, seine eigene Meinung ohne Vorgekautes, zu äußern? Der Beweis für eine RKP-Mitgliedschaft, die er leugnet.)

Zitat Richard Wagner: „Meine Landsleute, die Banater Schwaben, waren immer schon dafür bekannt, dass sie sich mehr dem Haben zuneigten als dem Sein. Deswegen ist auch nicht viel übrig von einer eventuellen geistigen Disputation, die ihre und meine Geschichte hätte begleiten können. .... Um es kurz zu machen, am Kommunismus störte sie nicht die eingeschränkte Freiheit, sondern die Enteignung. *(Weiß jemand von den Lesern hier, was Enteignung bedeutet? Die banatschwäbischen Bauern arbeiteten oft so lange es hell war, kehrten am Abend zurück und versorgten auch noch das Vieh. Sie hatten kein Wochenende und keine Ferien und schufen sich etwas Eigentum (diese verhassten Streber!): ein Haus, landwirtschaftliche Geräte, Pferde, Wagen, Garten, usw. und **eines Tages kamen** „bauernschlaue" **Kommunisten,** stellten sich in die Tür und sagten: „**Ab morgen gehört das alles mir".** Und die Begründung muss wohl die **Ausbeutung** der Kommunisten **durch die Banater Schwaben** gewesen sein, weswegen die dann noch in die Bărăgan-Steppe deportiert wurden, wo sie wieder so frei waren, dass sie sich Hütten bauen durften, während sie gleichzeitig von den Machthabern unter den dortigen Einheimischen als Verbrecher bezeichnet wurden!)*

Zitat Richard Wagner: „Wahr ist, dass das Privateigentum eine Voraussetzung für die individuelle Freiheit darstellt, aber wahr ist auch, dass die Freiheit eines geistigen Horizonts bedarf."

(Offensichtlich haben manche Banater Schwaben die Anspielungen der „geistigen Disputation" und die „des geistigen Horizonts" und dass das Privateigentum – dessen die Altkommunisten sie entledigt hatten, wohl unter dem Applaus einiger Banater Dichter und Denker wie Herta Müller und Richard Wagner - die Voraussetzung für Freiheit war, total

und ganz übersehen. Die Empörung ist ausgeblieben. Nach dem Motto: Man kann ja nichts machen! Der Leser möge hier an die Beschimpfung „Nazis" durch Herta Müller denken!)

Und über Carl Gibson?

Zitat Richard Wagner: „Gibson hält wahrscheinlich einen einzigartigen Rekord im heutigen Deutschland. Er ist wohl der aus den meisten Blogs Ausgeschlossene." *(Und auch das ist das Ergebnis des imaginären Paktes zwischen den ehemaligen Altkommunisten aus dem Ceausescu-Fan-Block und den „unfehlbaren" 68ern, damals vom KGB unterwandert, heute die Vorkämpfer für die Meinungsfreiheit, aber nicht für Carl Gibson, sondern für sich selbst. Warum darf ein von der Ceauşescu-Diktatur Inhaftierter und Gefolterter in einem freien demokratischen Land seine Meinung nicht äußern?)*

Herta Müller und ihr damaliger Ehemann Richard Wagner kamen nicht ins Exil. Sie kamen im Zuge der Freikaufzahlungen, so dass ein Exil – und erst recht nicht wegen ihrer Literatur (für welche sie bei den Kommunisten Literaturpreise erhielt) ENTFÄLLT. Daher versteht so mancher Banater Schwabe heute nicht, warum sie als „Schirmherrin" eines Exilmuseums eingesetzt wurde. Wird jetzt ihr „angebliches, erschlichenes" Exil auch noch mit jenen verglichen, die während der Nazizeit Deutschland verlassen mussten? Das wäre doch etwas übel!!!

Falls Sei noch zusätzliche Informationen benötigen, können Sie mich jederzeit kontaktieren.
Viel Spaß beim Recherchieren.

Vielen Dank.
Mit freundlichen Grüßen.
F.B.

----

(1)Kozi = Kommunisten und Kommunismusverehrer, die heute noch nicht mitbekommen haben, dass die kommunistischen Diktaturen (zumindest in Europa) untergegangen sind.

(2)Die staatliche Repression bestand darin, dass sie für die „Niederungen" in Rumänien zwei und im freien Deutschland drei literarische Preise erhalten hat. Verfolgte bekamen von den Kommunisten weder Preise, noch durften sie mehrfach Westreisen unternehmen.

(3)Als sie und ihr erster Ex 1979 die Ausreisepapiere für Deutschland erhielten, kam es zur Trennung, weil Herta Müller nicht nach Deutschland umsiedeln wollte. Sie blieb also freiwillig bei ihren (angeblichen) Verfolgern und Peinigern.

Weitere Links:

http://www.balzerfranz.de/HM-SPRACHMAGIERIN-Jena-Ehrendoktorwuerde.pdf

http://www.balzerfranz.de/HM-ZKM-FLYER-2.pdf (Writers for Freedom-Karlsruhe)

http://www.balzerfranz.de/HM-Meistermann-Preis-2016-Wittlich.pdf (an Martin Schulz)

http://www.balzerfranz.de/HM-Stuttgarter-Gespraech-2018.pdf (Instrumentalisierung von Studenten durch Stuttg.Zeitung und Robert-Bosch-Stiftung)

http://www.balzerfranz.de/HM-Uni-Jena-20-Juni-2017-von-E-Anton.pdf

http://www.balzerfranz.de/HM-Carl-Gibsons-Buecher.pdf

Herta Müller - eine Exilantin?

Sehr geehrtes XY-Team,
(XY = kann jedes Redaktionsteam sein)

schreibe Ihnen diese Zeilen, um Sie daran zu erinnern, dass vor 30 Jahren die ehemaligen östlichen kommunistischen Diktaturen "gefallen" sind. "Gefallen", weil über Hundert Millionen Menschen diese menschenunwürdigen, menschenverachtenden Diktaturen mit ihren Betonköpfen in den Regierungen, gestürzt haben.

Leider muss ich heute im (angeblich) freien, demokratischen Deutschland feststellen, dass dieses "linksverbohrte" Denken schon wieder im Höhenflug ist. Der "Karl Marx" wird wieder verehrt, es ist eine "Marxititis" ungeahnten Ausmaßes ausgebrochen, und schon Kinder in den Kitas werden "linksverbohrt" indoktriniert und instrumentalisiert. Die Omas und die "alten, weißen Männer" werden diskreditiert und diskriminiert und zwar schon von jenen, die wir mit UNSEREN Beiträgen als unabhängige, freie Medien finanzieren. (Bezug: "Unsere Oma ist 'ne Umweltsau" und ein WDR-Mann ergänzt – nein, eine "Nazisau"!)

Und nun zu Ihrem Thema: Herta Müller.
Herta Müller belügt die deutsche Öffentlichkeit seit 1982 bzw. 1984, als ihr erster Prosaband "Niederungen" im "Rotbuch-Verlag" Berlin ausgegeben wurde. (Glaubt Ihr nicht, dass ich nicht weiß, was Rotbuch-Verlag heißt und was C.F. Delius alles von sich über den "Kozinismus" gegeben hat? Nach den Nazis kamen die Kozis, die linken Diktaturen!) Ich weiß auch, was damals (1984) Herta Müller im "Spiegel" über ihre Landsleute gesagt/geschrieben hat, und weiß auch, was in Sachen "Relotius" beim Spiegel - angeblich ein Einzelfall - alles gelaufen ist.

Glauben Sie wirklich, dass "Relotius" ein Einzelfall ist? Dann muss ich Sie enttäuschen. Lesen Sie dazu, was über Herta Müller in den freien, deutschen, recherchierfaulen Medien alles falsch "verstanden" und genau so "dargestellt" wurde (Sie müssen das nicht lesen, wenn es zu viel ist):
http://www.balzerfranz.de/HM-Presse-Medien-Falschmeldungen.pdf

Herta Müller - eine Exilantin?

„Ihr erster Ehemann war Richard Wagner". Das stimmt nicht, sie war vorher seit 1976 mit einem anderen Mann verheiratet, den sie verlassen hat, nachdem sie zusammen die Papiere für „gänzlich" Deutschland bekommen sollten. Ab 1979 war sie erst mit Richard Wagner zusammen und in ihrer Wohnung kullerten die leeren Flaschen nur so herum. Dieser erste Ex darf in Deutschland nicht bekannt werden, denn sonst würde auch das ganze Haus des „Securitate-Folter-Martyrium" zusammenbrechen. Warum hat sie sich von ihrem ersten Ex getrennt und ist in Rumänien geblieben, wo sie doch von der Securitate verfolgt wurde? Warum ist sie 1984 von 3-4 Westreisen (in die BRD) zurück zu ihren Folterern und Peinigern gefahren? Und warum hat sie im November 1989 (nachdem sie schon 2,5 Jahre in Deutschland war) noch in der „Neuen Literatur" Loblieder auf die Ceausescu „gesungen"? WEIL SIE WEGEN IHRER LITERATUR 1987 INS EXIL NACH DEUTSCHLAND KOMMEN/FLÜCHTEN MUSSTE? Das ist WISCHI-WASCHI liebe QUALITÄTSMEDIEN (wer hat von wem das Lügen - oder sind das literarische professionelle Fähigkeiten, oder gar eine Sprachmagie - gelernt?)!!!

Zitate aus der „Neuen Literatur", November Nr. 11 1989, Seite 16/17 „Unser großes Haus" von Herta Müller (Herta Müller hat im März 1987 Rumänien endgültig verlassen und mehr als 2

Jahre später – November 1989 – dort immer noch veröffent-
licht!!!)
„Die Putzfrau schüttelt den Staublappen durchs Fenster. Die
Akazie ist gelb. Der alte Mann kehrt wie jeden Morgen den
Gehsteig vor seinem Haus. Die Akazie bläst ihre Blätter in den
Wind. Die Kinder haben ihre Falkenuniformen an. Gelbe Blusen und dunkelblaue Hosen und Faltenrocke. „Heute ist Mitt-
woch", denkt Amalie. „Heute ist Falkentag." Die Bausteine
klappern. Die Kräne summen. Indianer marschieren in
Kolonnen vor den kleinen Händen. Udo baut eine Fabrik. Die
Puppen trinken Milch aus den Fingern der Mädchen. Anca hat
eine heiße Stirn. Durch die Decke der Klasse klingt die Hymne.
Auf dem Stockwerk darüber singt die große Gruppe. Die Bausteine liegen aufeinarider. Die Kräne schweigen. Die Indianerkolonne steht am Rand des Tisches. Die Fabrik hat kein Dach.
Die Puppe mit dem langen Seidenkleid liegt auf dem Stuhl. Sie
schläft. Sie hat ein rosiges Gesicht." (Das ist typische Herta
Müller Literatur! Findet man solche Passagen auch in der
"Atemschaukel"?)

„In unseren Häusern wohnen unser Vater und unsere Mutter.
Sie sind unsere Eltern. Jedes Kind hat seine Eltern. So wie un-
ser Vater in unserem Haus, in dem wir wohnen, der Vater ist,
ist Genosse Nicolae Ceaușescu der Vater unseres Landes. Und
so wie unsere Mutter im Haus, in dem wir wohnen, unsere
Mutter ist, ist Genossin Elena Ceaușescu die Mutter unseres
Landes. Genosse Nicolae Ceaușescu ist der Vater aller Kinder.
Und Genossin Elena Ceaușescu ist die Mutter aller Kinder.
Alle Kinder lieben den Genossen und die Genossin, weil sie
ihre Eltern sind."

DAS ZITAT STAMMT AUCH AUS DEM BÜCHLEIN „DER
MENSCH IST EIN GROßER FASAN AUF DER WELT",
welches **1986** (während sie und ihr zweiter EX auf die Aus-

reisepapiere in Rumänien warteten) in Deutschland erschien. UND DAS MUSS WOHL DER ANLASS GEWESEN SEIN, DASS SIE VON DEN CEAUSESCUS VERFOLGT WURDE UND WEGEN IHRER LITERATUR INS EXIL MUSS-TE??!!!!

Herta Müller (#) Übersicht (#) Medien
Wird eine Lüge, die nur oft genug wiederholt wird, zur Wahrheit?

Herta Müller:
-gehört zum Volksstamm der Banater Schwaben;
-sie hat die Banater Schwaben mit ihrem Debütwerk „Niederungen" entwürdigt und zutiefst beleidigt (sie als Ethnozentriker, chauvinistische Faschisten und Nazis beschimpft);
-sie hat sich nie für die Freiheit der Banater Schwaben eingesetzt;
-sie hat auch nicht für die Rechte der Siebenbürger Sachsen gekämpft;
-sie hat auch, so lange sie in Rumänien lebte, nichts gegen die Diktatur geschrieben – sie war Privilegierte dieser Diktatur;
-sie war nie eingesperrt und wurde nicht verfolgt (Verfolgte saßen im Gefängnis);
-sie hat vier Westreisen machen können, um ihr Debütwerk in Deutschland vorzustellen;
-sie bekam literarische Preise für kommunistische Ethik (Verfolgte bekamen keine Preise);
-sie hat regelmäßig in der „Neuern Literatur" veröffentlicht – sowohl vor dem Erscheinen 1982 der „Niederungen" in Rumänien, als auch nach dem Erscheinen 1984 dieser in Berlin;
-sie hat auch regelmäßig in anderen deutschsprachigen Medien in Rumänien veröffentlicht;

-sie hatte kein Publikationsverbot während ihrer Rumänienzeit – sie durfte sogar auf der Seite des kommunistischen Führers in der „Neuen Literatur" (Seite 3) veröffentlichen;
-sie hat Rumänien im März 1987 verlassen, um nach Deutschland umzusiedeln (in so einem Fall hat man keine Texte mehr von ihr in Rumänien jener Zeit veröffentlicht – auch alle anderen Antragsteller wurden entlassen – als Arbeitsloser wurde man als Verbrecher gehalten);
-sie kam genauso wie ihre in „Niederungen" verunglimpften Landsleute – die Banater Schwaben – nach Deutschland und zwar nicht ins Exil, und erst Recht nicht wegen ihrer Literatur (das war bis dahin die „Niederungen", „Der Mensch ist ein großer Fasan" und „Drückender Tango", sowie die massenweise Kurzprosatexte in der „Neuen Literatur" (ja, sie hat sogar noch in dieser Zeitschrift veröffentlicht, nachdem sie mehr als zwei Jahre lang Bundesbürgerin war);
-sie war eine Privilegierte des Systems mit Westreisen und regelmäßigen Veröffentlichungen;
-Banater Schwaben haben im heutigen Deutschland kein Recht ihre Meinung über Herta Müller zu äußern;
-usw.

Daher sind folgende Beiträge in deutschen Medien falsch und „aus der Luft" gegriffen, wenn sie auch regelmäßig und gleichgeschaltet, immer wieder abgedruckt werden:

-Bis heute schreibt sie gegen die Schreckensherrschaften kommunistischer Diktaturen an, die sie selbst erlebt hat. Im Kampf um die Rechte der Siebenbürger wurde sie vom rumänischen Ceaușescu-Regime gedemütigt und eingesperrt.
-Herta Müller hatte eine "mutige Stimme gegen die kommunistische Diktatur in Rumänien".
-Sie hat "ihre Stimme für Freiheit und Grundrechte erhoben".

-„'Das schwäbische Bad' beschreibt, wie sich eine Siebenbürger Großfamilie samt Gesinde einmal in der Woche die Badewanne teilt. Alle steigen sie nacheinander in dasselbe Wasser, das mit der Zeit immer trüber und schließlich schwarz wird." (Siebenbürger = falsch!)

-In ihrem Werk thematisiert Müller die Folgen der kommunistischen Diktatur in Rumänien.

-Nach Schreib- und Publikationsverbot floh sie 1987 vor der Ceauşescu-Diktatur nach Deutschland.

-„Ich habe mir das Thema nicht ausgesucht, sondern musste damit fertig werden".

-Ihr Lebensthema ist die kommunistische Diktatur in Rumänien, die sie im März 1987 Richtung Westen verlassen hat. (Dieses Thema wurde erst nach 1987 aufgenommen.)

-Doch selbst in der Bundesrepublik wurde sie noch eine Weile von den Agenten der Securitate, des Geheimdienstes des Ceauşescu-Regimes, mit Todesdrohungen verfolgt. Das waren wahrscheinlich noch immer aufgebrachte Banater Schwaben wegen ihrer „Niederungen".

-„Die Jury lobte die ‚schonungslosen Schilderungen' ihrer rumänischen Heimat." (Schonungslos wurden nur die Banater Schwaben beschrieben.)

-Sie ist eine Schriftstellerin, die zeitlebens eine mutige Stimme gegen die kommunistische Diktatur in ihrem Geburtsland Rumänien war (als Privilegierte?)

-Sie zeigt uns bis in die Gegenwart, dass es immer Literaten gibt, die ihre Stimme für Freiheit und Grundrechte erheben (ihre Landsleute wollten in die Freiheit – sie wollte bleiben).

-Sie ist Vorbild „wenn sich vor unserer Haustür Zustände auftürmen, welche die sicher geglaubten Errungenschaften unserer Zivilisation bedrohen." (Preise = Zustände.)

-„Als Angehörige einer deutschen Minderheit in Rumänien auf-gewachsen, thematisiert Herta Müller in ihren Texten ‚Erfahrung von Gewalt, Verlust der Würde und Heimat-

losigkeit'... (Das haben ihre Landsleute alles in ihren „Niederungen" erlebt.)
-Sie war wiederholt Verleumdungen, Verhören und Hausdurchsuchungen ausgesetzt. 1987 reiste sie in die Bundesrepublik Deutschland aus... (Die Banater Schwaben, die von
1968 bis 1989 die Freiheit suchten, waren über ihre „Niederungen" 1982 empört.)
-Ihr ‚Gefühl für Fremdheitserfahrungen' gilt als unbestechlich.
-Herta Müller wird neben dem Dissidententum auch noch das
Etikett "Der weltweite Kampf für freie Meinungsäußerung"
angehängt. (Blödsinn: Die Banater Schwaben kämpfen seit
1982 für freie Meinungsäußerung, denn seither wird ihre Meinung massiv von den Medien unterdrückt.)
-Der Moderator spricht mit Herta Müller über diese eindring-
liche Lyrik, ABER AUCH über IHRE eigenen Werke, in denen
sie sprachgewaltig die Schrecken des Totalitarismus beleuch-
tet. (Diese Schrecken hat eine Privilegierte nie erlebt.)
-ZKM Karlsruhe / Herta Müller / Der weltweite Kampf für
freie Meinungsäußerung.
-Ihr Werk ist geprägt von ihren Erfahrungen im totalitären System des kommunistischen Ceaușescu-Regimes. (Diese Erfahrungen machten die wirklich unterdrückten: Banater Schwaben, die dann in „Niederungen" verunglimpft wurden.)
-Ihr erstes Buch »Niederungen« (1982) wurde nur nach länge-
rem Zögern und starken Eingriffen der Zensur veröffentlicht.
1984 erschien es in veränderter Form auch in Deutschland (nur
hier fehlten ganze vier Kapitel! Wo wurde NUN zensiert?).
-Müller wurde mit einem Veröffentlichungsverbot belegt und
stand immer wieder im Visier des rumänischen Geheimdiensts
Securitate, bis sie 1987 nach West-Berlin ausreisen konnte.
(Siehe dazu Veröffentlichungen in der „Neuen Literatur"!)
-Universität Jena verleiht Sprachmagierin Ehrendoktorwürde.
(Sprachmagierin = Lügnerin?)

-Müller, 1953 in Nitzkydorf, Siebenbürgen, geboren, gehörte dort der deutschsprachigen Minderheit der Banater Schwaben an; 1987 übersiedelte sie nach massiven Repressionen durch das Ceausescu-Regime in die Bundesrepublik. (Nitzkydorf liegt im Banat!)

-Herta Müller, die als scheu und zurückgezogen gilt, hat ihr Kommen bereits zugesagt. Die ehemals starke Szene der Jenaer DDR-Dissidenten kann sich darauf freuen.

-„Immer wieder finden sich in ihren Werken Sujets aus dem rustikalen familiären Umfeld, der dörflichen Existenz in Siebenbürgen und vor allem von der Unterdrückung unliebsamer Minderheiten in totalitären Strukturen. Zum Teil verarbeitet sie eigenes Erleben, in Atemschaukel." (Sie beschrieb die Banater Schwaben.)

- Die ersten literarischen Texte veröffentlichte Müller – wenngleich zensiert – noch in Rumänien. Erst nach ihrer Ausreise ins deutsche Exil wurde sie einem größeren Leserkreis namhaft…

Warum hat Herta Müller ihren ersten Mann verlassen, kurz bevor er und sie die Ausreisepässe zum gänzlichen Verlassen Rumäniens (und Umsiedeln in die B.R.Deutschland) erhalten haben? (Jeder, der zu jener Zeit die Gelegenheit hatte, hat das kommunistische Rumänien verlassen – legal oder illegal in den Augen der Machthaber! So mancher ist von einer Besuchsreise nicht zurückgekehrt – nur Herta Müller und Richard Wagner sind mindestens drei Mal zu ihren „Peinigern" und „Verfolgern" zurückgekehrt!)

Waren die DDR-Bürger – die Republikflüchtlinge, die an der deutsch-deutschen Grenze erschossen wurden, auch alle Nazis? Die wollten doch auch alle als Deutsche nach Westdeutschland. Warum wurden/werden dann die Banater Schwaben sowohl von Herta Müller als auch von den rumänischen Kommunisten als Nazis bezeichnet?

Die Aussage: „Sie – Herta Müller – wurde verfolgt und mehrmals verhört".
Diese Aussage kann man mehrmals in den Büchern „Mein Vaterland war ein Apfelkern" und „Cristina und ihre Attrappe", sowie in diversen Interviews lesen. In den beiden Büchern findet man keine einzige konkrete Aussage oder irgendeinen Hinweis dazu. Nur ein einziges Mal wäre es um Prostitution und 3 kg Kartoffeln gegangen, die auf dem Schwarzmarkt gekauft wurden. Sonst ist sie schön gekleidet und geschminkt zum Verhör. Man glaubt ihre eigene Behauptung, ohne sie irgendwie überprüfen zu können.

Seite 46 aus "Cristina und ihre Attrappe"
"CRISTINA" este contactata periodic de Lt.col. P. NICOLAE, din cadrul Serv. I/A pentru influentare pozitiva.
"CRISTINA" wird periodisch vom Oberstleutnant P. NICOLAE aus dem Bereich des I/A Dienstes für positive Beeinflussung kontaktiert.
Mein Kommentar: „von wegen Verhöre!... und Publikationsverbot nach 82/84"!

ZDF Aspekte 08.12.1984: Zitat Herta Müller
(über die Banater Schwaben in ihrem Erstlingswerk „Niederungen"):
„Dann andererseits die Reaktion der Leser war – also ich hatte – mit der hatte ich auch gerechnet, und zwar, dass sie sich bloßgestellt fühlten, verleumdet fühlten, in ihrer, in ihrem Stolz in Anführungszeichen und Ehre und Deutschtum und in all ihren Sekundärtugenden – a – sich – a- vernarrt und – a – a – bloßgestellt fühlten, und da haben sie dann sehr – a – a – bitter reagiert, also sie haben auch anonyme Briefe geschrieben und gedroht und eine Hetz-, Hetzjagd begonnen oder sie hätten sie

gerne begonnen. Das, was sich abgespielt hat, ist aber dann nur – a – bei den Drohungen geblieben, also zu Handgreiflichkeiten ist es noch nicht gekommen (unterdrücktes Lachen)."

Und Wortfetzen – Hasstiraden über Banater Schwaben: „...Schutz- und Trutzgemeinschaft in den Dörfern ... Faschismus ... ihre strengen Familiengesetze und öffentlichen Meinungsvorstellungen ... den Ethnozentrismus nicht überwunden ... in gewisser Weise ein Chauvinismus da." (Wer durfte schon in Rumänien seine „öffentliche Meinung" äußern – ohne ggf ins Gefängnis zu landen? Nur Privilegierte!)

Das Nobelpreiswerk „Atemschaukel" ist das Werk eines Siebenbürger Sachsen: Oskar Pastior.
Zitate:
-"Der Roman 'Atemschaukel' ist in doppelter Hinsicht autobiografisch. Denn Herta Müllers Mutter wurde nach 1945 in die Lager im Osten verschleppt."
-"Und ihr Kollege Oskar Pastior hatte ihr in langen Gesprächen von seinen eigenen Erfahrungen berichtet. Pastiors Sprachverdichtung findet sich bei ihr wieder." Er hat erzählt und sie hat ganze Hefte voll geschrieben.

Preisverleihungen für Volksverhetzung von Minderheiten in der „neuen, deutschen" Literatur?
Warum wird die Literatur ehemaliger Privilegierter aus dem Altkommunistischen Fan-Block, die die Opfer ehemaliger Ostdiktaturen verhöhnen und verspotten, heute mit Preisen belegt? Warum danken bei uns Bundespräsidenten ab, warum werden andere wieder „abgesägt", warum müssen manche Doktoren ihren Titel „zurückgeben" und warum bekommen Privilegierte menschenunwürdiger Regimes bei „UNS" trotzdem Literaturpreise?

»An alle mündigen Leser! Es wäre endlich mal an der Zeit, das Getue um die Vita von Herta Müller zu beenden. Sie war keine Dissidentin, keine Verfolgte, war nie eingekerkert, hatte während ihrer Zeit in Rumänien kein Publikationsverbot und kämpfte (literarisch) vor allem nicht gegen das Ceausescu-Regime (solange sie in Rumänien lebte). Daher ist es haarsträubend, dass sie heute in die Reihe der Schriftsteller, die das Nazi-Reich verlassen mussten, gesetzt wird. Dass sie sich mit den "Folgen von Diktatur und Zwang auf die Menschen und ihre Identitäten auseinandersetzte" ist hier zu bezweifeln. Sie war bis 1987 eine Privilegierte des Regimes: Mehrere Westreisen während des eisernen Vorhangs, Publikationen im Sinne der KP in der „Neuen Literatur" am laufenden Band, Beschmutzung der Ehre, Identität und Würde der eigenen Landsleute (Opfer der Kommunistischen Diktatur) in ihrem Werk „Niederungen" (1982), das 1983 vom Kommunistischen System sogar Preise für kommunistische Ethik erhielt. Das Nobelpreis-Werk ist das Werk von Oskar Pastior (siehe Seite 299). Und Herr Professor Wertheimer (Vertreter der Neuen Deutschen Literaturwissenschaften) weiß das bereits alles seit Okt.2015, wo er bei einer Preisverleihung ebenfalls eine Laudatio hielt. Es kommt mir so vor, als würden hier Preise nach dem "kommunistischen" Beziehungsprinzip verteilt werden und die, die sie verdienen, gehen leer aus.«

Vielen Dank für die Aufmerksamkeit.
Mit freundlichen Grüßen. F.B.

PS:

Carl Gibson, ein ehemaliger , politischer Häftling Ceauşescus, hat mehrere Bücher zu Herta Müllers Maskeraden geschrieben. Aber ein politisch Inhaftierter der Kommunisten darf im freien, demokratischen Deutschland seine Meinung nicht äußern?!...

Ergänzende Kommentare, Veröffentlichungen während des angeblichen Publikationsverbotes, usw. finden Sie hier:
http://www.balzerfranz.de/HM-Presse-Medien-Falschmeldungen.pdf Zusammenfassung der Lügen
http://www.balzerfranz.de/HM-an-Prof-Wert-Tuebingen-A4.pdf an Literaturforscher
http://www.balzerfranz.de/HM-SPRACHMAGIERIN-Jena-Ehrendoktorwuerde.pdf Beispiele
http://www.balzerfranz.de/HM-NL-Veroeffentlichungen-Titel-79-89.pdf Veröff. in Neue Literatur
http://www.balzerfranz.de/HM-Stuttgarter-Gespraech-2018.pdf Fragen von C.Gibson an H.Müller

\#

Falls die Links <u>nicht mehr</u> funktionieren sollten, sollte man sich im heutigen, freien, demokratischen Deutschland ernsthaft Gedanken machen, bzw. mich verständigen, dann bekommen Sie die PDF-Dateien per E-Mail.
\#

Herta Müller, Schirmherrin des Exilmuseums Berlin?
(Ein möglicher erster Kommentar.)

Herta Müller wird zur Schirmherrin des Exilmuseums in Berlin und kann sich so mit den Schriftstellern, die während der Nazi-Diktatur das Land verlassen mussten, gleichsetzen. Aber: Herta Müller war nie verfolgt, nie eingesperrt, hatte nie Publikationsverbot, ganz im Gegenteil, sie war eine Privilegierte des Ceausescu-Regimes mit mehreren Westreisen und zahlreichen Publikationen - die im Sinne der KP geschrieben wurden (sonst wären die nicht veröffentlicht worden und sie hätte keine Preise für kommunistische Ethik dafür bekommen). Sie kam nicht ins Exil nach Deutschland - und erst recht nicht wegen ihrer Verfolgung oder Literatur (bis dahin hatte sie „Niederungen", „Der Mensch ist ein großer Fasan auf der Welt" und „Drückender Tango", sowie eine Menge Texte in der „Neuen Literatur" und anderen Medien veröffentlicht.)

Zu Niederungen: Wieso gibt es bei uns Preisverleihungen für Volksverhetzung von Minderheiten in der „neuen deutschen" Literatur?
Warum wird die Literatur ehemaliger Privilegierter aus dem Altkommunistischen Fan-Block, die die Opfer ehemaliger Ostdiktaturen verhöhnen und verspotten, heute mit Preisen belegt? Warum danken bei uns Bundespräsidenten ab, warum werden andere wieder „abgesägt", warum müssen manche Doktoren ihren Titel "zurückgeben" und warum bekommen Privilegierte menschenunwürdiger Regimes bei „UNS" trotzdem Literaturpreise?

Herta Müller als Schirmherrin des Exilmuseums in Berlin? Nein, Danke!

Zweiter möglicher Kommentar:

Der Hermann-Sinsheimer-Preis

an die Literaturnobelpreisträgerin Herta Müller ist nur ein großartiges Missverständnis

Müller, die bis zu ihrer Ausreise 1987 nach Deutschland die kommunistische Diktatur in Rumänien unter Nicolae Ceaușescu miterleben musste, verschweigt, dass sie bis dahin - während ihrer zahlreichen Westreisen aus Rumänien (um im Westen Literaturpreise entgegen zu nehmen) - eben für dieses kommunistische Regime warb, weil es damit hinter dem eisernen Vorhang als liberal im Westen galt. Müller vergisst auch zu erwähnen, dass sie ihren ersten Ausreiseantrag (mit ihrem ersten Ehemann) in den Westen zurück zog während zehntausende ihrer Rumäniendeutschen Landsleute aus dem kommunistischen System die Freiheit im Westen suchten. Erst später, als viele ihrer deutschsprachigen Leser aus Rumänien ausgereist waren, stellte sie zusammen mit ihrem zweiten Ehemann Richard Wagner erneut einen Ausreiseantrag. Müller veröffentlichte im kommunistischen System nachweislich in der in Bukarest erscheinenden Literaturzeitschrift „Neue Literatur" zahlreiche Publikationen und Texte, selbst dann noch, als ihr nach eigenen Angaben in Rumänien angeblich ein Schreibverbot auferlegt worden sein soll. Mit dem Hermann-Sinsheimer-Preis wird Müller „geadelt" indem sie in die Riege der Exilanten aufgenommen wird, die von dem Nazi-Regime flüchten mussten, doch Müller verschweigt auch, dass sie gerade in der kommunistischen Diktatur in Rumänien Staatspreise wie den UTC-Preis für „kommunistische Ethik" angenommen hat. Einige rumäniendeutschen Zeitgenossen betrachten Müller daher zu Recht als Privilegierte des kommunistischen

Systems.

Die Stadt Freinsheim beschmutzt unwissentlich mit dem Preis an derartig Privilegierte das Andenken an tatsächliche Opfer der Diktaturen während Jürgen Wertheimer, Professor für Neuere Deutsche Literaturwissenschaften an der Universität Tübingen, der bereits zahlreiche Unterlagen zum Hintergrund der widersprüchlichen Vita der Autorin Herta Müller erhalten hat, dies möglicherweise vorsätzlich tut. Ba&Co

**Ich stell mir langsam
die Frage, ob irgendwelche
Dr-Titel nicht doch im
Lotto gewonnen wurden?
Kann man das hier oben
Beschriebene nicht als
normaler gebildeter
Mensch verstehen?**
Der Autor.

Herta Müllers Veröffentlichungen in der „Neuen Literatur" 1979 - 1989

NL = Neue Literatur / Zeitschrift des rum. Schriftstellerverbandes
HM = Herta Müller, RW = Richard Wagner, **001=Index/Inhalt**

NL-Jahr-Monat-Seite	Titel/Bemerkungen
NL-77-05-**003**	Rede Ceauşescu
NL-77-07-**003**	Beschluss der RKP
NL-77-08-**003**	23. August. Nationalfeiertag unseres Volkes
NL-79-04-**003**	Gerhard Ortinau / Unnachgiebige Geschichten
NL-79-05-014-025	**HM**: Seitengassen – Damals im Mai / Abziehbild / **Die Mäuse** / Die Lebenslinie / Seitengassen / Die Straßenkehrer / Der Mann mit der Zündholzschachtel (kommt in „Niederungen" vor – daran orientiert sich auch C.D.Florescu)
NL-79-12-001	Richard Wagner, Herta Müller, Rolf Michaelis, u.a.
NL-79-12-006-019	**HM**: Drei Geschichten – Der schwarze Kutscher / **Heini** / Großmutters Schlaf
NL-79-12-020-027	RW: noch eignest du dich nicht, usw.
NL-79-12-091 usw	Rolf Michaelis: Die Wahrheit unter dem Rock (Dokumentation über den „Hessischen Landboten")
NL-80-06-005-019	**HM**: **S 5-19** / Frösche und Perspektive (Kurzgeschichten) – Der deutsche **Scheitel** und der deutsche **Schnurrbart** / Die **Grabrede** / Meine **Familie** / Die **Frösche** / Der **Überlandbus** / Das **Blockkomitee**
NL-80-12-001	S:1 / Nikolaus Berwanger, Johann Lippet, Richard Wagner, Horst Samson, Herta Müller, Balthasar Waitz, Helmuth Frauendorfer, William Totok, Hans Mokka, Franz Schleich
NL-80-12-020-026	**HM**: **Dorfchronik** (alle fettgedruckten Titel gibt es 1982 in „Niederungen")
NL-81-02-003	Telegramm an Ceauşescu
NL-81-06-001	RW: S:3 / Lesestücke für kleine Leute, usw.
NL-81-09-001	Rede Nicolae Ceauşescu, Nikolaus Berwanger, Herta Müller
NL-81-09-023	**HM**: Kurze Prosa („Niederungen" war auch eine Prosa!) – Gerda und Gerhard Greger

NL-81-09-028-030	HM: **Inge**
NL-81-12-001	S:1 / Nikolaus Berwanger, Richard Wagner, Horst Samson, Herta Müller, Balthasar Waitz, Helmuth Frauendorfer, William Totok
NL-81-12-009-014	HM: **Das ist Inge** – Schulbankgesicht / Möbelstücke
NL-81-12-017	RW: Kauten
NL-82-02-001	RW: Festgemacht, usw.
März 1982	„Niederungen" erscheinen im Kriterion-Verlag Bukarest. Ein Banater Schwabe beklagt sich über die Verunglimpfungen bei der Securitate. (Im März 1983 legt die Securitate die Akte „Cristina" an)
NL-82-04-**003**	S:3 Botschaft **Ceauşescus** an die NBZ
NL-82-06-045-053	HM: Hier steht mein Kopf im Licht / **Der Hakenmann**
NL-82-06-048-064	**Fehlende Seiten nach „Hakenmann":** Die Taschenuhr / Der Regen / In einem tiefen Sommer / Das Licht, das aus den Bäumen fällt (fehlen)
NL-82-07-**003**	Der II. Kongress für **politische Erziehung** und sozialistische Kultur
NL-83-02-**003**	**Grußbotschaft** an Nicolae Ceauşescu
NL-83-03-**003**-012	S:3 HM: Mit Spießen und mit Stangen (kurze Prosa) – Drückender Tango / Die Stromuhr / Wer sein Teller nicht leer isst / Das Fenster Dreihundertneunundneunzig Jahre („Drückender Tango" erscheint erst 1984 beim Kriterion-Verlag Bukarest).
März 1983	Die Securitate legt die Akte „Cristina" an. Quelle: „Cristina und ihre Attrappe".
NL-83-04-015-020	RW: aber immer noch hier – Tagelied, usw.
Sommer 1983	HM bekommt Für ihre „Niederungen" vom Zentralkomitee der Jungkommunisten Rumäniens eines Literaturpreis für kommunistische Ethik.
NL-83-07-**003**	S:3 Botschaft des Genossen Nicolae **Ceauşescu** an den Schriftsteller verband
NL-83-08-**003**-006	Denkwürdige Ereignisse / Arbeitsberatung von hoher politischer Bedeutung bei der NL

NL-83-08-**007**-020	HM: Jeder Mensch ist ein Mensch (kurze Prosa) – Rote Milch / Aufgewühlte Erde / Wenn ich den Fuß beweg / Eidechsen / Die Schachtel der Einsamkeit / Faule Birnen
NL-84-02-001	Herta Müller, Rolf Bossert
NL-84-02-**003**	HM: S: **003**-015 (statt Ceauşescu) Die feinverzweigten Einsamkeiten – Pferdeköpfe / Drosselnacht / Die kleine Utopie vom Tod / Der Wolf im Berg (**Publikationsverbot**, oder in der NL an Stelle des Diktators?...)
März 1984	**HMs „Niederungen" erscheinen im Rotbuch-Verlag Berlin**
NL-84-10-**003**	Dem XIII. **Parteitag** der RKP entgegen / Loblieder
NL-85-01-001	Richard Wagner, Ernest Wichner (1975 nach Deutschland umgesiedelt)
NL-85-01-021-024	RW: Das Auge lacht, usw.
NL-85-01-039-057	Ernest Wichner: Homer, Odysseus...
NL-85-01-093	HM: Kulturspiegel, Bericht über den Preis für „Drückender Tango" (Erscheinungsjahr 1984, in der NL im März 1983: NL-83-03-**003**)
März 1985	Bericht (wegen „Niederungen") im **Neuen Weg**: „Ein Buch und fünf Preise" (da war sie angeblich verfolgt und hatte Publikations-verbot)
NL-85-08-001	Zum Tag der Befreiung, Richard Wagner, Herta Müller, Junge Autoren, u.a. Gerhardt Csejka.
NL-85-08-**003**-011	Zum **Tag der Befreiung** / Nationaltag der rum. Kommunisten
NL-85-08-012-020	RW: Was wollen die Leute
NL-85-08-**021-041**	HM: **Matthias** (HM und RW belegen zusammen **30% der NL**-Ausgabe)
Herbst 1985	HM und RW stellen Antrag auf gänzliche Ausreise aus Rumänien. In so einem Fall wurde alle aus dem Dienst entfernt (schon 1983 wurden Hunderte Lehrer entlassen), wurden arbeitslos und aufgefordert als Hilfsarbeiter zu arbeiten, weil Arbeitslose als Verbrecher angesehen wurden. (**HM und RW wurden nicht mehr veröffentlicht, denn**

	kein Redakteur hätte sich mit der Securitate anlegen wollen. Das waren aber nur 18 Monate und nicht mehrere Jahre!!!)
März 1987	Ankunft von HM und RW in Deutschland (als Aussiedler in Nürnberg – während der Freikaufphase 1969 - 1989)
NL-89-11-001	Rolf Bossert, Werner Söllner, Moser Rosenkranz, Ingmar Brantsch, Franz Hodjak, **Herta Müller, Richard Wagner**, u.a.
NL-89-11-016-017	HM: Ein großes Haus (Loblied auf die Ceauşescus – und da war HM schon mehr als zwei Jahre Bundesbürgerin)
Sommer 2009	Bericht in der Zeit „Die Securitate ist immer noch im Dienst" (sie streut eine Menge Lügen, die bis heute nicht berichtigt wurden und „katapultiert" sich zur Dissidentin und Exilantin, obwohl sie eine Privilegierte des Systems Ceauşescus war)
Dezember 2009	HM bekommt den **Nobelpreis** für die „Atemschaukel", zum größten Teil ein **Werk** des Siebenbürgers **Oskar Pastior**

Aus diesen Veröffentlichungen ist ersichtlich, dass sie vor März 1982 (als die „Niederungen" im Kriterion-Verlag in Bukarest veröffentlicht wurden) schon jede Menge Texte, die nachher in den „Niederungen" erschienen, veröffentlicht hatte. Sie hat nicht vier Jahre darauf gewartet, sie hat vier Jahre lang Kurzprosatexte gesammelt.

Weiter ist ersichtlich, dass sie nach dem Erscheinen der „Niederungen" im Rotbuch-Verlag Berlin in der „Neuern Literatur" eine Menge Texte veröffentlicht hat, obwohl sie angeblich Publikationsverbot hatte. Sie war sogar so privilegiert, dass sie auf Seite drei, der Seite des Conducătors, veröffentlichen durfte. Und darüber hinaus, konnte sie sogar nach ihrer Ausreise (1987) in der „Neuen Literatur" (1989) noch veröffentlichen.

Sie kam keineswegs wegen ihrer Verfolgung und erst recht nicht wegen ihrer Literatur ins EXIL nach Deutschland!

Trilogie:
Die Banater Schwaben
und ihre Diskriminierung

Trilogie: Die Banater Schwaben und ihre Diskriminierung

BoD Books on Demand
978-3-7386084-5-8

Franz Balzer

Gehört Verleumdung zum Brauchtum der Banater Schwaben?

Was ist gesellschaftlicher Wandel: Lug, Betrug und Heuchelei?

Ist der Medienbeitrag zum „großen" Roman „Jacob beschließt zu lieben" Fiktion oder Volksverdummung?

Karikatur: Michael Blümel
Malerei, Illustration, Buchobjekte,
Buchgestaltung, Grafikdesign
http://www.michael-bluemel.de/

Stefan Jäger Bilder: Hilfswerk der Banater Schwaben
http://www.hilfswerk-der-banater-schwaben.de

Bilder vom Kirchturm in Triebswetter: Helmut Domele

BoD Books on Demand
978-3-7494312-3-6

Franz Balzer

Der Extremist

Meinungsfreiheit oder Mediendiktatur?

Eine Literatur-, Medien- und Gesellschaftskritik

Klappentext

Die Banater Schwaben wurden in der „guten, neuen, deutschen" Literatur in ihrer Identität regelrecht verstümmelt dargestellt. So kann man über sie nachlesen, dass sie dem Ethnozentrismus und der Intoleranz versessen sind. Für sie zählen nur die imaginären Werte: Ordnung, Fleiß und Sauberkeit, wobei ihnen die reellen Werte „unserer modernen" Gesellschaftsordnung fehlen: Lug, Betrug und Heuchelei (und wer da nicht „mitmacht", wird diskriminiert und ausgegrenzt). Daher werden die Banater Schwaben von Literaturexperten „literarisch dargestellt" oder entstellt, sie und ihre Lebensweise wird „literarisch gestaltet" oder verunstaltet. Die geschmacklose Darstellung des Hässlichen, Abstoßenden, Widerlichen und Ekelerregenden über Banater Schwaben (die vor dem Kommunismus geflohen sind) wird von „Literaturexperten" (die sich für Veränderungen im Sinne des Kommunismus einsetzen, also mit unserer Verfassung auf „Kriegsfuß" stehen) als „mitreißendes, literarisches Meisterstück" gewertet.

Dem hat der Autor dieses Buches etwas entgegen zu setzen, weil er bestrebt ist, den guten Ruf, den die Banater Schwaben einst hatten, wieder herzustellen, zumindest dem deutschen Leser die wahren Eigenschaften dieser vor Augen zu führen. Und wer sich heute gegen die „literarische" Verunglimpfung (unter dem Schutz und Schirm der Künstlerfreiheit) der Opfer der ehemaligen kommunistischen Diktaturen und für die Einhaltung unseres Grundgesetzes einsetzt, wird wohl als ein „Extremist" gehalten!

Franz Balzer

*Gymnasien im
Würgegriff der
Mediendiktatur*

Banater Schwaben und ihre Diskriminierung

BoD Books on Demand
978-3-7494544-1-9

Franz Balzer

Gymnasien im Würgegriff der Mediendiktatur

2. ergänzte Auflage

Werden Gymnasiallehrer, Studenten und
andere angehende Lehrer in deutschen Lehrerfortbildungsanstalten von vermeintlichen
Literaturexperten mit Unterstützung der
freien, deutschen Medien für ihre unwürdigen,
ideologischen Ziele instrumentalisiert
und benutzt?

Beiträge zum Thema:
Banater Schwaben und ihre Diskriminierung